KB246233

카피라이터의
술잔

나남출판

이만재

1970년대 초 불모의 광고계에 투신하여
카피라이터의 새로운 직업분야를 개척하는 데 앞장섰으며,
서울카피라이터즈클럽(SCC) 회장 등을 역임하였다.
최근에는 디지털 여행사진작가로도 활동중이다.

저서로는《실전카피론 1, 2》,《카피라이터 입문》,
《막쪄낸 찐빵》,《인간으로 오신 예수》 등이 있다.

나남산문선 · 65

카피라이터의 술잔

2006년 12월 25일 발행
2006년 12월 25일   1쇄

글·사진_ 李萬才
발행자_ 趙相浩
편집_ 방순영·윤인영
디자인_ 이필숙
발행처_ (주) 나남출판
주소_ 413-756 경기도 파주시 교하읍
        출판도시 518-4
전화_ 031) 955-4600 (代)
FAX_ 031) 955-4555
등록_ 제 1-71호(79. 5. 12)
홈페이지_ www.nanam.net
전자우편_ post@nanam.net

ISBN 89-300-0865-8
ISBN 89-300-0859-3 (세트)
책값은 뒤표지에 있습니다.

나남산문선 · 65

카피라이터의
술잔

이 만 재 글·사진

NANAM
나남출판

세상 만물 중에 술이라는 존재처럼 쓰임새가 다양한 물질은 아마 다시 없지 싶습니다. 술은 인간의 감성에 전적으로 간여하는 물질로서 희비애락의 감정상태와 상관관계가 깊은 숙명을 타고났을 뿐만 아니라 그로써 인생살이의 모든 국면에서 저마다의 드라마를 어김없이 연출해대는 못 말릴 오지랖 그 자체이기 때문입니다.

술이라는 물질처럼 수백 수천 가지로 매 경우마다 각기 다른 성품과 표정을 발동하는 요술도깨비가 또 있을까요? 술이라는 물질처럼 폭넓은 범용성을 지닌 인간적 감정 증폭의 매개물이 어디에 또 있을까요.

그런데 말이지요, 그처럼 다양하게 지닌 술의 천 가지 얼굴에도 불구하고 술에 붙여진 이름은 '술'밖에 없다는 사실이 믿어지질 않습니다. 명사(名詞)를 드러내거나 형용하는 데 얼마나 풍부한 어휘를 여러 가지로 자랑하는 게 우리말입니까.

물론 술을 일러 약주니 곡차(穀茶)니 하는 제한적인 은유의 별칭이 없는 것은 아니지만 대중에게 통용되는 그 물질의 대표명사로는 역시 술이라는 단어 하나밖에 없다는 사실…. 그것을 혼자 못내 아쉬워해왔습니다.

그 아쉬움의 심정적 배경에 대해서는 이미 눈치를 채셨을 줄 압니다.

아주 합당한 곳에서, 아주 합당한 경우에, 아주 합당한 사람과 아주 합당한 생산적 필요에 의해서 인생의 아름다움을 격조 있게 찬미하며 그윽하게 마신 술임에도 결국은 그 정황이 마누라의 혀끝에서 '술 먹었다'의 한마디로 매듭져지고 마는 썰렁한 현실을 이름입니다.

술의 사회학—처럼 거창한 화두는 내 좁은 품에 들어오지 않습니다.

술의 인간학—쪽으로 간다 해도 그것은 자칫 술기운을 빈 센티멘털리즘에서 그치고 말 공산이 큽니다. 그래서 글의 울타리 모양새를 미리 치지 않기로 합니다. 이 땅에서 태어나 전쟁 터져 피란 갔다 오고 학교 다니고 군대 다녀오고 결혼하여 자식 낳아 기르면서, 그러면서 일하는 틈틈이 친구 몇몇과 더불어 술이라는 물질을 약간은 격정적으로 사랑해온 지극히 평범한 대한민국 보통사람으로서의 경험담을 담담히 풀어쓰기로 했습니다.

읽어주는 이의 일정한 몫도 있어야 한다는 생각이 은근히 작용한 까닭입니다. 간간이는 몽매의 시대에 대한 원망이 씹어도 씹어도 씹히지 않는 질긴 안주처럼 등장하기도 합니다. 술처럼 쉬운 어법으로 얘기하자면 시대에 대한 억울함의 단상 같은 것이겠지요.

한창 꽃다운 나이를 통과했던 놀이터의 청춘배경이 뭐였겠습니까?

대폿집 술상에서까지 말마디의 눈치를 봐야할 정도로 무시무시했던 박정희 군벌시대 18년, 전두환 군벌시대 7년, 노태우 군벌시대 5년 해서… 그것만도 합이 자그마치 30년이었습니다.

그리고 그것은 하필 내 청년기의 전부이기도 했습니다.

누가 뭐래도 내 청년의 술 얘기를 하자면 시대의 억장 울분과 따로 갈 수가 없는 까닭이 그것입니다.

그래서 오해를 받아도 할 수 없는 일입니다. 네가 주인이냐, 술이 주인이냐, 또는 시대가 주인이냐—는 밉지 않은 태클 말씀이지요. 고백하자면, 이 책의 주인은 나도 아니요, 술도 아니요, 다른 그 어떤 것도 사실은 아니요, 오로지 다만 사람이 주인일 뿐이옳습니다요.

예로부터 사람 곁에 술이라는 게 있었는데 볼품없이 살아온 내 삶의 곁에도 예외 아니게 술이 있었다는 그 얘기를 쓰고자 했던 것입니다. 기왕 그렇게 살아온 걸 이제 와서 파기하리까. 이 나이에 시침 떼고 외면하리까. 또는 없는 얘기를 멋있게 지어내거나 고결스럽게 픽션하리까.

있는 대로 썼습니다. 술을 술이라 썼고 사람을 사람이라 썼습니다.

디지털 아니라 디지털 할아버지 세상이 오더라도 그 세상에 사람이 살고 있는 한, 술의 자리는 결코 치워지지 않을 것이기에 그렇게 썼습니다.

그 쌓인 얘기의 돌담들 사이에 시대의 지워지지 않는 기억들이 틈틈이 이끼처럼 끼었습니다. 다소는 겉멋 부린 듯한 제목의 사연이 그러합니다.

가끔씩 술 마시는 사람, 너무 미워하지 마시라고요.

아, 참 그리고 요즘… 늘그막에 또 한주책 하는구나 싶으리만치 디지털 카메라의 즐거움에 빠져 삽니다. 가는 곳마다 품 안에서 제임스 본드의 권총인 양 번쩍이며 쓰윽 빼져나오는 것은 내 광학 10배 줌 꼬마 디카입니다.

나남 조상호사장님이 나의 그 주책을 크게 미워하지 않는 데 힘입어 기왕이면 내년쯤 이만재 디카사진집도 하나 펴내달라고 떼를 쓴 적이 있는데 여기에 실린 분위기 사진 몇 컷은 작품성과는 상관이 없는, 그냥 말 그대로 출판사측에 대한 생떼 목적의 맛보기 삽화임을 밝힙니다.

2006년 만추의 낙엽을 쓸며
죽전 우거에서

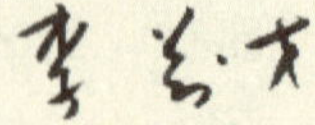

나남산문선 · 65

카피라이터의 술잔

유년의 술

내 술 얘기를 하자면 저 남녘의 피란지, 유년시절로 거슬러 올라가야 합니다. 6·25 전쟁으로 집안 살림살이 모양새는 풍비박산이 되었는데 어촌마을의 부잣집 막내아들로 평생 팔자 좋게 한학을 하시던 아버님은 의지가지 없는 피란지, 폐허의 궁핍 속에서도 《수호지》(水滸誌)를 애독하셨습니다.

얇은 미농지로 된 상해판(上海版) 원서로 8권짜리였는데 저녁마다 모깃불 피워 놓은 대나무 평상에 식구들을 불러모아 놓고는 등잔불에 눈을 번득여가면서 우리말 해석으로 소설의 줄거리를 재미나게 구연(口演)해 주셨습니다. 평상 한쪽엔 알루미늄 막걸리 주전자가 놓여 있었지요. 막걸리 주전자로 말하면 바로 그날 해질녘에 내가 이웃 동네 양조장에 심부름 가서 받아온 한 되짜리 주전자였던 것입니다. 문제는 그 주전자를 들고 타박타박 돌아오는 동안의 개천 둑길입니다.

아이들은 못 먹게 하고 어른들만 잡숫는 이 술이란 놈은 대체 무슨 맛일까? 주전자 꼭지를 입 언저리까지 치켜올리고는 한 모금 홀짝 맛보았던 것이 나의 첫 술이 아니었나 싶습니다.

아무튼 아버님은 열무김치나 가지나물 같은 것에 막걸리 한 잔을 맛나게 걸치신 다음에야 양산박에 모여드는 영웅호걸들의 얘기를 하나씩 풀어 나가셨으니까요. 물론 당시에는 텔레비전이 생겨나기 이전이었고, 라디오도 특별한 부잣집이 아니면 구경할 수 없던 때인지라 생활조건이 극도로 열악한 피란지에서는 집안에서 할 수 있는 오락거리라는 게 어른들의 옛날 얘기 말고는 달리 없기도 했습니다.

《수호지》에는 108명이나 되는 등장인물들의 성격이 각기 달라서 재미가 있었습니다. 한 번의 기합소리로 절간의 기둥을 뿌리째 뽑아 내버리는 괴력의 돌중 노지심이라든가, 한밤중 산고개 숲길에서 만난 호랑이를 맨주먹으로 제압해 버리는 의협의 사나이 무송이라든가, 한번 화가 났다 하면 쌍도끼를 휘두르며 일당백천의 용맹을 과시하는 흑선풍 이규라든가, 가진 재주나 힘이라곤 아무것도 없으면서도 마침내 양산박의 총두령 자리에 오르게 되는 급시우 송공명 등이 바로 저들입니다.

그런데 《수호지》라는 책에 특별히 자주 등장하는 문장 하나가 어린 나이의 귀에 각인되기 시작했으니 바로 중원의 호걸들이 먼 길 떠나기 전의 모습을 묘사할 적에 으레 등장하곤 하는 '술과 고기를 배불리 먹고'라는 문장이었습니다. 그것이 비단 아버지의 임의 번역만이 아니었음을 뒷날 커서 읽은 《수호지》에서도 새삼 확인할 수 있었는데, 아무튼 어릴 적에 귀에 못이 박힌 '술과 고기를 배불리 먹고'의 이미지는 그 이후의 내 술꾼 생애에 알게 모르게 일정치의 작용을 하였으리라는 생각입니다.

그래서 집안에 술꾼이 한 사람 있게 되면 처자식 등 다른 식구들한테도 자연스레 영향을 미치기 쉽다는 게 정한 이치입니다.

어릴 적부터 술이라는 물질과 가깝게 된 또 하나의 사연이 있습니다.

그것은 너나없이 굶기를 밥먹듯 했던 전쟁 후의 궁핍과 상관이 있습니다. 요즘 어린이들한테 그 얘기를 하면 "식량이 없으면 라면이라도 먹지 왜 굶었느냐"고 반문한다는 우스갯소리도 있습니다만, 정말로 당시를 생각하면 배고픔의 기억이 무엇보다 선명합니다.

잘 해야 아침과 저녁 하루 두 끼를 먹는데 그것도 멀건 밀가루

수제비이기 쉬웠고, 쌀알을 한 톨도 찾아볼 수 없는 꽁보리밥이기 쉬웠습니다. 그래서 만만한 게 바로 동네 양조장에서 나오는 술찌 끼였습니다. 꾸덕꾸덕 말라가는 콩비지 덩이를 연상하면 딱 좋을 것입니다.

하나 다른 것이 있다면 맛과 냄새가 시큼하여 그것을 먹다보면 누구나 얼굴이 불콰해지면서 열이 오르고 머리가 어지러워진다는 사실입니다. 왜냐구요? 술찌끼 자체가 막걸리 성분 그대로이기 때 문이지요.

그런 줄 알면서도 늘 허기가 져 얼굴이 노란 어린것들은 술찌끼 를 없어 못 먹어 했습니다. 빈 속에 술찌끼를 한 주먹 얻어먹고 나면 하늘이 빙글빙글 돌았습니다. 그러나 한 가지 분명했던 것은 술찌끼 의 그 어지럼증이 굶주림으로 인한 어지럼증보다는 견딜 만했다는 점입니다. 그러는 과정에서 본의 아니게 어린 몸은 알코올의 내성을 길러왔다는 얘기가 됩니다. 아버지가 즐겨 먹는 술,《수호지》의 영 웅들이 즐겨 먹는 술, 그것을 왜 나라고 해서 먹지 말라는 법 있나?

남녘의 한심한 피란지에서 어린 술꾼 하나가 그렇게 만들어지고 있었던 것입니다. 성장 환경이 그만큼 중요하다는 얘기지요. 아, 전쟁통 피란지에서 성장 환경? 말을 꺼내놓고 보니 성장이라는 개념은 물론, 환경이라는 단어 자체가 너무 사치스럽습니다. 초등학교 저학년이던 나는 아침에 학교에 가려고 책보를 허리춤에 질끈 동여매고 삐거덕거리는 녹슨 양철대문을 밖으로 밀어 엽니다. 어느 날엔 잘 열리지를 않습니다. 뭔가가 밖에서 대문을 가로막고 있는 것입니다. 있는 힘을 다 하여 몸으로 밀쳐냅니다. 그러면 그곳에 시커먼 빨치산 송장 하나가 쓰러져 있습니다. 간밤의 시가전에서 국방군이나 의용경찰의 총에 맞아 비틀거리다가 하필이면 우리 골목 안까지 들어와 자빠져 죽은 시체인 것입니다. 학교 가는 길에서도 거적에 대충 덮인 주검을 여럿 봅니다. 옷차림으로 보아 국방군 시체이기도 하고, 인민군 시체이기도 합니다.

신작로에 하얀 사금파리 조각이 있어서 고무신 코로 톡 찼습니다. 사금파리가 도르르 굴러가더니 툭 엎어집니다. 엎어진 사금파리 윗면에 길지도 않은 검은 머리카락이 잔뜩 붙어 있습니다. 내가 발길로 찬 것은 사금파리 조각이 아니었던 것입니다.

학교에 가보았자… 차마 학교라고 말 자체가 사치스럽기만 합니다.

한 반에 애들은 80명이나 되는데 다 부서진 책걸상은 그나마 스무 개 남짓입니다. 칠판이 없는 교실도 있고, 지붕이 없는 교실도 있습니다. 풍금이 없으니 음악시간이 따로 있어봤자 입니다.

초등학교 때 동요를 배워본 기억이 없습니다. 음악시간에 배우는 것은 늘 살벌한 군가였습니다. 문교부 발행 검인정 교과서 대신 등사판으로 대충 밀어서 글씨가 거의 식별되지 않는 유인물이 교과서를 대신했는데 그것도 두 아이당 한 권꼴이었습니다. 아, 삽화도 있었습니다. 국군 아저씨가 총 개머리판을 높이 들어 땅바닥에 쓰러진 인민군을 때려죽이는 그림이었습니다.

배가 너무나도 고파서 삐비, 으름, 머루, 뱀딸기 등 야생 열매나 칡뿌리를 캐먹기 위해 십 리쯤 떨어진 큰 산골짝으로 원정을 갈 때가 있습니다. 골짜구니의 도처에서도 총 맞아 죽은 시신들을 봅니다. 조선낫으로 시신을 들어 비켜내고 그 밑에 박혀 있는 칡뿌리를 캐먹는 아이도 있었습니다.

집에서나 장거리에서나 어른들은 늘 막걸리에 취해 있었고, 강철 갈고리 손을 휘두르는 상이군인들 또한 술에 만취하여 술집 주인들과 시장거리 한복판에서 피투성이의 쌈박질을 해댔습니다. 나라를 위해 싸움터에 나가 팔 다리를 바치고 왔는데 사지 멀쩡한 너희들이 감히 어디다 대고 술값을 달래느냐고 험한 욕설을 섞어 위협적으로 을러대는 소리가 시끄러웠습니다.

당시의 술이라는 게 주로는 막걸리였고, 상표 없는 막소주였고, 간간이는 동네 양조장의 약주이거나 몰래 만든 밀주였는데 술이야말로 전쟁통의 난장판을 헤쳐 나갈 힘을 주는 만병통치약인 듯했습니다. 어른들은 집에서도 마시고, 다리목 아래서도 마시고, 장거리 좌판에서도 마시고, 사과궤짝 위에서도 마시고, 논두렁에서도 마시고, 짚을 이는 지붕 위에서도 마시고, 화투판, 윷판에서도 마시고, 화물트럭 위에서도 마시고, 학교 운동장 측백나무 울타리 그늘에서도 마셨습니다. 어른들의 얼굴은 항상 불콰하게 취해 있었습니다.

술? 술! 사람들은 그것을 먹어야 힘을 얻어 막노동이라도 할 수 있었고, 그것이라도 먹어야 죽음의 공포 앞에서 잠시나마 버틸 객기를 만들어 가질 수 있었습니다.

술이라는 것이 우리 몸을 위해서나 또 다른 무엇을 위해서 별반 좋지 않은 물질이다 — 라는 교육을 단 한 번도 받아볼 기회를 얻지 못한 채 아이들은 성장했습니다. 그것이 우리 세대입니다.

국방군이 지배하는 낮에는 학교에 가서 우리 국군의 군가를 배우고, 빨치산이 지배하는 밤이면 동네의 골목골목 어귀에서 메가폰으로 밤새도록 선무활동을 해대는 저들의 인민군 노래를 배워야 했던 그것이 피란지의 아이들이었습니다. 삶의 가치기준은 죽느냐, 아니면 죽지 않고 살아남느냐의 일차원적인 미필적 선택에만 모아져 있었으니 그것은 동물의 삶과 크게 다를 바가 없었습니다.

그 시절에 술의 효용을 배운 아이들은 저들이 보고들은 대로의 모습으로 어른이 되어갔습니다. 사람을 만나면 으레 담배를 권하고 함께 피워야지만 예의였고, 으레 가까운 술집엘 찾아 들어가 한 잔을 서로 나눠야지만 그 사람의 인간적인 기본 됨됨이를 피차 인정하였습니다.

오랜 만에 만났는데 술 한 잔도 나누지 않고 그냥 차나 한 잔 마시고 헤어졌다? 그것은 그 사람과의 인연을 더 이상 유지할 의사가 없음을 나타내는 뜻으로 이해되었습니다. 1940년대 전후에 이 땅에서 태어난 남정네들의 술에 대한 정서가 그러했습니다.

훈련병의 술

　나의 술 제 2 기는 20대 초반에 겪은 군생활을 통해서 저질러집니다.

　우선 1960년대의 논산 훈련소를 한마디로는 설명할 길이 없어 몇 가지 상징적인 정황을 사실대로 서술하기로 합니다.

　훈련기간 동안 우선 단 한 차례도 식탁에 앉아서 밥을 먹어본 적이 없습니다. 식당 입구로 줄지어 들어가면서 식판을 하나씩 받아듦과 동시에 밥을 먹기 시작합니다. 먹으면서 출구 쪽으로 이동합니다.

　출구에 이르면 빈 식판을 내놓고 나가야 합니다. 그러니까 훈련병들의 그 식사시간이 개인당 1분을 넘지 못하는 것입니다(훈련병들의 군복 윗주머니에는 양식 숟가락 하나와 칫솔 한 개가 늘 꽂혀져 있습니다). 그런데 1분 만에 해치우는 그 식사량이라는 게 뻔한 것이어서 훈련병들은 식사를 마치는 순간부터 배가 고프기 시작합니다. 그래서 훈련 도중 10분간 휴식시간에는 으레 꼬깃꼬깃 숨겨놓은 비상금을 꺼내어 허겁지겁 간식을 사먹기 마련입니다.

어디서 어떻게 사 먹느냐구요? 어떤 상황에 처해도 사람은 다 살게 되어 있는 모양입니다. 야전변소 칸막이 안에서 사먹습니다. 칸막이 안에는 단골 이동주보(철조망 주변의 보따리 행상) 아낙이 이미 들어앉아 휴식시간을 기다리고 있기 때문입니다. 그러니까 훈련병들은 이동주보 아낙과 함께 그 비좁고 더러운 공간에 쪼그리고 앉아 대소변을 보면서 찹쌀떡이나 싸구려 도넛 두세 개를 걸신들린 듯이 먹어치우는 것입니다. 기합과 고함과 호루라기 소리와 구보 소리와 구타 욕설들이 난무하는 공포의 생지옥 속에서도 요령 좋은 훈련병들에게는 낙이 하나 있었습니다.

저녁 9시 일석점호를 끝내고 취침시간이 되면 3인이 1조가 되어 내무반장의 허락 아래 변소에 가는 시간이 있습니다(훈련병은 혼자서 변소에 갈 자유가 없습니다).

그 짧은 허용시간 안에 훈련병들은 변소 건너편 불 꺼진 PX(매점)로 달려갑니다. 매점 담당병은 어둠 속에서 비싸게 웃돈을 받고 술 한 병을 건네줍니다.

훈련병에게 공개적으로 술을 파는 것이 불법이기 때문입니다. 훈련병은 변소에 가면서 맨입에 그 술 한 병을 잽싸게 비웁니다. 당시에 그렇게 먹어본 술이 평생 먹은 술 중 제일 맛있었노라는 추억 어린 고백을 늙은 예비군들이나 민방위 대원들로부터 어렵지 않게 들을 수 있다는 사실을 모르는 이는 아마 없을 것입니다.

1960년대의 군 졸병들에게 주어졌던 극한상황, 그곳에서 술은 무엇이었던가. 그 어떤 인간적인 자유(고상한 말로는 인권)도 허용되지 않은 신분의 저들에게 야음을 틈타 몰래몰래 행하는 술의 의식은 최소한의 '인간 확인'을 위한 일종의 왜곡된 보상심리가 아니었던가 싶습니다.

가능만 하다면 누구라도 술은 마셔야 했고, 마셔져야 했고, 그렇게 함으로써 자존적 자의식을 스스로 확인하고 싶어했던 것입니다.

훈련병 생활을 마친 다음에 겪어야 했던 술의 내습(來襲)은 기성 부대에 배치된 이후의 내무반 생활을 통해서라 할 수 있습니다. 좀 더 정확히는 내무반이라는 이름의 단체생활 환경에서 필연적으로 휘말리게 된 집단 적응심리가 아니었을까 싶습니다. 5갤런들이 국방색 빈 기름통에 받아온 막걸리 회식이 자주 있었고, 철조망 주변 동네로 원정을 나간 영외회식이 또 내무반 회식의 숫자만큼 많았습니다. 군 조직 내에서 술은 단결 단합의 가장 손쉬운 코드였고, 필승의 용맹을 다지자는 자기최면적 함성이었으며, 의리의 사나이 양성에 빼놓을 수 없는 전가(傳家)의 보도(寶刀)였기 때문입니다.

그처럼 하나부터 열까지가 단순하던 시절이었습니다. 그 어떤 불합리와 부조리도 상명하복의 지상명령 앞에서는 만고불변의 진리로 둔갑하던 그런 시절이었습니다. 점차로 고참이 되어감에 따라서 술 먹을 기회와 횟수도 함께 더 늘어갔습니다. 주량도 덩달아 늘어갔음은 물론입니다. 나중에는 야간훈련 같은 데 나갈 때 수통에다가 물 대신 막소주를 가득 담아갈 정도였으니까요.

까마득한 옛날이지만 돌이켜 보니 그 시절은 그처럼 천진난만한 악동기(惡童期) 3년, 술기운에 기댄 위악(僞惡)의 허장성세를 통해 그 졸병세계 생잔(生殘)의 법칙을 도모하던 때, 이십 초반의 1960년 대였습니다.

쫄병의 술

논산 훈련소에서 훈련을 마치고 이등병 계급장을 달고 부대배치 특명장을 받아들고, 그리고 밤새 기차를 타고 우리가 도착한 곳이 지금의 경기도 부천 외곽지역 후방 보병사단.

앞으로 내가 3년간 근무할 자대였습니다.

우리 이등병들의 심신은 말할 수 없이 지쳐 있었고 배가 고파 있었습니다.

병영의 살벌한 분위기가 어디나 마찬가지겠지만 한 가지 인상적인 것은 회색 블록 단층건물로 줄지어선 막사 뒤에 막사보다 더 큰 규모의 돼지 축사가 눈에 들어왔다는 점입니다. 당시에는 부대단위로 이른바 후생사업이라는 것의 일환으로 영내 한구석에서 가축을 키우는 일이 보편화되어 있던 때입니다.

중대본부의 지루한 전입신고를 기다리는 동안 점심식사 시간이 되어 우리는 고참 기간병의 인솔 아래 식당에 안내되었습니다.

구수한 보리밥 내음이 가득한, 아직 텅 빈 식당의 나무 걸상에 우리는 질서 정연히 줄맞추어 앉았습니다. 언제 메말라본 적이 있었느냐는 듯이 금세 목구멍에 군침이 한가득 고였습니다. 이윽고 우리는 먹음직스럽게 김마저 모락모락 올라오는 보리밥을 식판에 배식받아 제자리에 앉았습니다. 누구도 말은 안 했지만 우리는 행복했습니다.

우선 밥 자체가 훈련소에 비해 월등 많은 것이 흐뭇했고, 식사군기 또한 한결 부드러워 보였기 때문입니다. 그러나 그보다 더 좋았던 것은 그날의 부식으로 식탁에 등장한 시뻘건 고추장이었습니다.

아, 실로 몇 달 만에 구경해보는 고추장이란 말인가. 우리는 너나없이 고추장을 한 숟갈씩 퍼서 보리밥에 비비기 시작했습니다.

비비는 동안 군침이 또 고여 왔습니다. 이 얘기의 주인공인 최상사님이 나타난 것이 바로 그때였습니다.

"동작 그만!"

우리는 얼른 숟갈을 놓고 부동자세가 되었습니다.

"겁대가리 없는 새끼들 아이가? 누가 그래 밥을 맵게 비비라켔노?"

순간 우리는 가슴이 쿵 울리는 듯한 감동 한 방을 먹었습니다.

역시 자대에 오니까 좋구나. 저 상사님이 지금 우리 이등병들의 메마른 위장 상할까봐 밥을 맵게 비비지 못하도록 당부하는 거겠지.

그러나 다음 순간에 떨어진 최 상사의 다음 호령 내용은 번지수가 달랐습니다.

"네놈들이 밥을 그따위로 맵게 비비놓으면 그 남긴 짬밥을 우리 돼지들이 우에 묵겠노?"

악질로 소문난 최 상사와는 내가 상등병 계급장을 달 때까지 일 년 반 가량이나 함께 생활했는데 고추장 사건의 첫날, 명령에도 불구하고 고추장을 오히려 한 숟갈 더 퍼서 밥을 비볐다는 이유로 밤새 기합을 받은 것을 필두로 하여 일주일에 한 번꼴로 완전군장 구보를 해야 했습니다. 최 상사는 그때까지 세상에서 내가 보아온 인간 중 가장 악질적인 부류였습니다. 성질이 급하고 난폭한 데다가 매사 면도날처럼 까다로울 뿐만 아니라 어인 연유로 서울 출신의 병사들을 특히 미워하였습니다. 미워하는 정도가 아니라 거의 광태를 부린다고나 해야 옳을 그런 수준의 증오심을 가진 듯했습니다.

나는 그를 인간적으로 경멸했고 그는 나를 핍박했기 때문에 둘의 감정관계는 말 그대로 언제나 폭발 일보 전 상태 그 자체였습니다. 둘의 계급에 차이가 컸다는 점이 그 비극성을 더 강조하였는데 그로 인해 일방적인 가해자는 늘 그쪽이었고 일방적인 피해자는 항상 내쪽이었습니다.

군대라는 폐쇄조직 안에서 쫄병이 겪을 수 있는 거의 모든 피해를 나는 감수해야 했습니다. 외출외박 손해, 보초근무 시간 및 순번 손해, 사역병 차출시 손해, 행정반 청소당번시 손해, 내무사열시 손해, 장비검열시 손해, CPX 비상검열시 손해 등 고참 인사계 상사에게 찍힌 쫄병의 고초가 극에 달했습니다.

상병 때이던 어느 여름 토요일 해질녘, 중대장의 심부름으로 최 상사네 집을 찾아가야 할 일이 생겼습니다. 특별한 부자 아니면 전화가 귀하던 시절이었습니다. 영외거주자인 그는 부대 인근의 자연부락 한켠 금세 무너질 듯 초라한 슬레이트집 구석방에서 셋방살이를 하고 있었습니다.

어두운 구석방으로부터 악을 쓰는 애기 울음소리와 아낙의 고함소리가 함께 들려왔고, 최 상사는, 아 그 악질 최 상사는 헐렁한 삼베 반바지에 소매 없는 러닝셔츠만 걸친 채 부엌문 입구 흙바닥에서 풍로에 연탄불을 지피느라 열심히 부채질을 하는 중이었습니다.

　매캐한 연기에 눈물을 찔끔거리며 쪼그리고 앉아 부채질을 하고 있는 그의 모습은 더 이상 그 무서운 최 상사는 아니었고, 악질 인사계도 아니었습니다.

　뜻밖에 찾아온 사람을 발견한 순간, 그는 몹시 놀라면서 당황해했습니다. 군복을 벗은 그 얼굴이 그렇게 순박해 보일 수가 없었습니다. 아, 어쩌면 저 얼굴이 인간 최 아무개의 본디 모습일지 모르겠다는… 아지 못할 어떤 깨우침 같은 느낌이 가슴 밑바닥으로부터 치밀어 올라왔습니다.

　심부름 용무를 전달한 후 나는 잠시 기다려 달라는 말을 남기고 동네 구멍가게로 달려갔습니다. 나지막한 추녀 끝에 백열전구가 내걸리고 최 상사네 부엌 앞마당에 돗자리가 펼쳐졌습니다.

　꽁치 통조림과 튀긴 어묵, 마른 오징어 안주가 제법 그럴 듯했습니다. 소주잔이 찰랑대면서 부딪쳤습니다. 인간끼리 새롭게 교감하는 방법도 결국엔 술잔 속에 숨어 있었던 것입니다. 다소 단조로운 상식의 논리이기는 하지만 그것이 술의 힘이라면 힘일 것입니다.

　그로부터 얼마 후 최 상사는 '돈을 벌기 위해' 월남전선으로 자원해서 갔습니다. 부대를 떠나기 전날 부대 뒷문근처의 선술집에서 그가 내 손을 잡았습니다.

"니가 쪽으로 낼로 악질이라카는 거 다 안다. 니는 뭔고 아나? 니는 순 독종이다. 짜슥, 군대생활을 꼭 그래 해야 되겠나? 월남 가서 편지 하꼬마."

술기운 탓만이었을까, 그가 내 어깨를 와락 껴안고 등을 다독인 것은…?

경멸의 술

　개인적으로 군벌(軍閥) 독재세력들을 별로 좋아하지 않는 축이었습니다. 저들에 대한 첫 인상을 소개합니다. 5·16 군사반란이 일어나던 날 인천의 한 거리를 걷고 있었습니다.

　군경 합동검문이라는 것이 전국적으로 행해졌는데 인천이라고 해서 예외가 아니었습니다. 거리를 걷다가 군경 단속반한테 붙잡혔습니다. 죄목은 '선글라스를 낀 죄'였습니다. 군용트럭에 실려 인근 경찰서에 끌려갔는데 그곳에는 두 무리의 청년들이 이미 끌려와 있었습니다. 한 무리의 청년들은 '빨간색 남방셔츠를 입은 죄'였고, 다른 또 한 무리는 '청바지를 입은 죄'였습니다.

　우스꽝스런 단세포 독재시대는 그렇게 시작되었습니다. 그로부터 박 18년, 전 7년, 노 5년 해서 군벌통치 기간 합이 30년입니다. 그 세월 30년은 내 생애의 황금기 전부에 해당했습니다. 경찰들이 비단장사 왕서방 모양 대나무 잣대를 들고 명동 입구에 서서 지나가는 처녀들 미니스커트 길이를 단속하던 시대… 또 다른 경찰들은 엿장수 모양 커다란 가위를 들고 다니면서 장발청년들의 머리칼을 강제로 싹둑 싹둑 자르고 다니던 시대… 독재정책에 반대하는 정치인이 있으면 무시로 저들을 붙잡아 지하 고문실로 끌고 가던 시대… 최인호가 가사를 짓고 송창식이 부른 건강한 젊은이들의 노래 '고래사냥'을 퇴폐곡으로 몰아 임의 금지처분하던 시대… 백주대낮 영화 촬영현장에서 열심히 연기하던 여배우가 갑자기 들이닥친 검은 양복들의 귓속말 한마디에 저항 한 번 못해보고 검은 색 관용차에 실려 어디론가 끌려가던 시대… 의협의 시인 김지하를 끌어다 그 몸에 못된 짓을 가하고, 순수의 노래꾼 김민기를 불온 사상범으로 몰아 지명수배하던 시대… 그 시대를 일러 나는 군벌정권 시대라고 부릅니다.

그 가운데서 웃기고도 웃겼던 것은 '고래사냥'을 퇴폐곡으로 분류한 검열당국의 이유였습니다. 노래가사 중 '자 떠나자 동해 바다로 삼등 삼등 완행열차 기차를 타고'라는 소절이 있는데 이게 퇴폐적이라는 것이었습니다. 나는 새도 떨어뜨린다는 아무개 왈 "떠나? 젊은 놈들이 새마을운동은 안 하고 어딜 떠나? 현실도피 불순가요 맞지?"라고 했다는 것입니다.

보통의 청년으로 온건히 살기가 참으로 힘겨운 시대였습니다. 우리에게 술이 없었다면 길고도 긴 그 암흑의 시대를 어찌 견뎠을 것인가. 굳이 내 지적이 아니더라도 그 암울한 시대의 터널을 청년 된 나이로 통과해야 했던 사람들은 이심전심 공감하는 바 없지 않을 것입니다.

뉴스시간마다 으레 첫 번째로 나오는 독재자 '땡 박 뉴스'가 보기 싫어서 아예 텔레비전을 멀리 하고 사는 사람들이 알게 모르게 늘어나기 시작했습니다. 그 무렵 수유리에 살던 소설가 ○○선생 댁에 친구 따라 가서 하룻밤을 묵은 적이 있습니다. 그 집에 조그만 흑백텔레비전 수상기가 한 대 있었는데 선생은 그것을 '추물', 또는 '속물'이라 부르면서 캐비닛 속에 넣어두고 계신다고 들었습니다.

통금이 있던 때였습니다. 자정 이후의 시간, 경찰차와 군용차, 기관원 차들만 쌩쌩 달릴 뿐, 납세자들은 제가 낸 세금으로 닦은 도로를 걸어 다녀서는 안 되는 '동물농장'의 시대였습니다. 땅거미가 지는 시간, 하루 일과를 마치면 '행복한 가정'으로 곧장 퇴근하는 모범생이 거의 없던 때였습니다. 청년들은 끼리끼리 대폿집에 모여서 벽시계를 흘끔거리며 통금 전 시간까지 죽도록 소주를 마셨습니다.

마셨다기보다는 마구 부어 넣었다고 해야 더 옳은 표현이 되지 않을까 싶습니다. 술이 취하면 서로 어깨동무를 하고 노래를 불러댔습니다. '자 떠나자, 동해 바다로…' 선량한 회사원들도 당시에는 모두가 다 반골이었습니다. 위선의 독재자 무리들이 판을 쳤기에 백성들의 정서가 위악 쪽으로 슬금슬금 기울었는지 모를 일입니다. 언제라도 불을 댕기면 불이 붙을 젊은이들을 군사독재 정권은 묻지 마 식의 공포정치로 억눌러댔습니다. 택시에서도 정부에 대한 불평을 말하면 즉시 신고되었습니다.

남자들끼리 만나면 으레 쓴 담배를 권하였고, 쓴 소주를 권했습니다. 그런 정서를 관통하는 하나의 상징적 코드가 있었다면 그것은 허무였을 것입니다. 허무의 동반자가 술이었다고 하면 상당한 신파조가 되겠지요. 그러나 한 가지 분명한 것이 있습니다. 내 청춘의 추억, 술 얘기 제3기의 한복판에는 저 폭압독재 군벌정권에의 공포심과 경멸심이 청솔의 공이처럼 너무나도 아프게 박혀 있다는 사실입니다. 국가공무원인 대통령이라는 자가 국가기관의 부속시설 밀실에서 국가의 비용으로 딸 같은 젊은 연예인 끼고 놀던 정권을 경멸할 권리가 국민의 한 사람인 내게 있다고 지금도 믿습니다.

이장호의 술

나의 술 얘기가 회고될 때는 언제나 젊은 날의 이장호 감독이 빠지지 않습니다. 두어 살 아래의 술친구여서 지금도 나를 형이라 부르는 사람인데, 우리는 명동 초입 골목에 있던 '마음과 마음'이라는 술집에 저녁마다 모였습니다. 고인이 된 하길종 감독과 영화평론가 변인식 씨, 그리고 몇몇 젊은 작가들과 문화부 기자들이 주로 뭉쳤던 기억입니다. 통금시간에 걸리지 않으려면 늦어도 11시에는 자리에서 일어나야 했기 때문에 술꾼들은 거의 전투적으로 과격하게 술을 퍼넣던 시절이었습니다. 이장호 감독은 미도파 앞으로 길을 건너가서 상도동 방향 합승택시를 탔고, 나는 명동 입구에서 명일동 방향 합승택시를 잡아타곤 했습니다. 그날도 우리는 만취한 상태로 비틀거리며 술집을 나섰는데 갑자기 이 감독이 내 어깨를 껴안으며 혀 꼬부라진 소리로 주절거렸습니다.

"형, 우린 왜 맨날 여기서 헤어져야 하는 거지?"

"왜긴 왜야? 집 방향이 다르니까지…."

기다렸다는 듯이 이 감독이 다시 말을 걸어왔습니다.

"우리 같이 살면 안될까?"

"뭐라구?"

거기까지는 기억이 나는데 나중 들은 얘기로는 내가 거기서 "같이 살자구? 좋아, 그러지 뭐!" 라고 대답했다는 것입니다.

아무튼 그로부터 보름쯤 지난 여름날의 일요일로 기억되는데 늦잠을 자는 내 귀에 아파트 창 너머로 뭔가 시끄러운 소리가 들려왔습니다. 눈을 부비며 창문을 열고 내려다본즉 흰색 반바지 차림의 이 감독이 특유의 엄청난 목청으로 고래고래 내 이름을 불러대는 참이었습니다.

"어라, 이 감독, 이 아침에 여긴 웬일이야?"

"웬일이라니…. 우리 같이 살기로 했잖아?"

그러면서 엄지손가락으로 제 뒤켠을 가리키는 것이었습니다.

나는 내 눈을 의심하지 않을 수 없었습니다. 이삿짐을 가득 실은 용달트럭 두 대, 그리고 조수석에 앉아 고개를 내밀고 있는 그의 아내와 조그만 딸아이…. 놀란 내색을 애써 감추며 내가 물었습니다.

"정말로 이사 왔다면… 살 집은 어디…?"

내 말이 채 끝나기도 전에 벼락같은 그의 대답이 돌아왔습니다.

"집이야 이제부터 찾아보면 되지 뭐!"

코뿔소의 저돌성을 타고난 이장호 감독은 그런 사람이었습니다. 살 집을 알아보지도 않고 덜컥 상도동 단독주택을 팔아버리고 이삿짐을 싣고 온 것입니다. 그렇게 해서 이 감독과 나는 서울 변두리의 조그만 아파트촌 이웃이 되었습니다. 하필이면 그 무렵, 대마초 사건(청와대 내부에서 발단이 된)에 연루되어 활동금지 처분을 받은 이 감독 형제가 생계를 위해 자기 어머니와 함께 명보극장 뒷골목에다 '모랑'이라는 대폿집을 차렸습니다.

1970년대는 군사문화의 억압에 반발하여 태동된 생맥주와 통기타의 청년문화 연대였다고 할 수 있는데 그 거센 대중문화 회오리의 중심에 소설가 최인호와 영화감독 이장호가 문단과 영화계에서 각기 축을 이루고 있었습니다. 그 중 하나가 서울 한복판에 만만한 대폿집을 냈다는 소문이 퍼지자 '모랑'은 금세 젊은 문화인들의 축제 장소가 되었으니 그 술집의 분위기는 프랑스 영화 '물랑루즈'를 연상해도 아마 크게 틀리지는 않으리라 여겨집니다. 나는 회사에서 퇴근하면 으레 '모랑'으로 다시 저녁출근을 하는 일과가 되었습니다. 그러나 '모랑'은 겉모양의 번창과는 달리 1년을 넘기지 못하고 망하게 되는데 그 까닭이 또 이장호다웠습니다. 동창들이며 기자들이며 동료 영화인들이며 이장호 감독과 친한 사람들이 저녁마다 많이 몰려듭니다. 그러면 이장호는 이 테이블 저 테이블을 옮겨 다니며 체면 술을 한 잔씩 얻어 마십니다. 그러다가 자리가 파할 정도가 되면 손님보다 주인이 먼저 취해버려서 카운터를 지키는 노모에게 한 소리 벼락같이 외치는 것입니다.

"엄니, 이 테이블 계산 제 앞으로요!"

저녁마다 되풀이되는 이장호의 외침이고 보니 손님이 많으면 많을수록 적자는 누적되기 마련이어서 결국 '모랑'은 문을 닫기에 이릅니다. '모랑'의 폐업과는 상관없이 우리의 술타령은 그 후로도 결코 지칠 줄 몰랐습니다. 술꾼 반평생의 회고 가운데 어쩌면 가장 화려한 추억이 될 이 시절은 1980년대 초 이 감독이 '어둠의 자식들'로 화려하게 재기하면서, 그리고 나 또한 직장을 졸업하고 프리랜서로 충무로에 독립사무실 '카피파워'를 개업하면서 막을 내리게 됩니다. 이장호 감독은 지금 전주대 영화과 교수이면서 독실한 기독교인이 되어 있습니다.

카피라이터의 술

내 직업은 광고 카피라이터입니다. 시장진단, 상품진단, 소비자 진단을 통해 텔레비전 광고나 신문광고 등의 컨셉과 아이디어를 짜내고 표현전략을 구상해서 광고 문안(*copy*)까지를 써내는 일입니다. 때로는 회사의 이름(*corporate name*), 상품의 이름(*brand name*)을 짓거나 슬로건(*slogans*)을 짜내기도 합니다.

현대인들은 산소와 질소, 그리고 광고를 마시며 산다는 말이 있지요. 그만큼 우리는 온갖 광고 수단으로 발달한 매스미디어의 세상에서 살고 있습니다. 1970년대 초, 카피라이터라는 직업용어가 이 땅에 존재하지 않을 때부터 카피라이터 생활을 했으니 그 세월이 꽤 되는 편입니다. 카피라이터들의 모임인 서울카피라이터즈클럽(SCC) 회장을 역임하기도 했고, 그러면서 긴 세월 후진 양성을 위해 실무교육 현장의 강단에 서기도 했습니다.

1980년대 초, 충무로 2가 라이온즈빌딩에 처음 사무실을 오픈한다고 했을 때 주변에서는 많이들 말렸습니다. 아이디어가 아무리 중요하다고는 하나 결국 글 몇 자 쓰는 일인데 그 대가로 밥 먹여줄 사람이 얼마나 되겠는가 하는 우정어린 우려였습니다. 심지어 어떤 사람은 1년 버티면 잘 버틴다는 예언까지 하였습니다. 일찍이 그런 신종직업의 전례가 없었던 때문이었겠지요.

아닌 게 아니라 처음 두세 해 동안은 적잖이 외로웠습니다. 그러나 나름의 신념을 만들어서 가슴에 품고 꾸준히 도전한 결과 20년이 넘는 오늘날까지 한 우물 파는 전문 직업인으로 살아남아 있게 되었으니 가히 '신지식인 시대'라 할 만합니다.

직장생활 할 때와 달리 내 자신이 사무실 살림을 직접 꾸려나가야 된다는 책임감 때문인지 프리랜서로 독립한 후에는 이전처럼 술을 자주 먹게 되지 않았습니다. 그러나 가끔씩이라도 술을 마시지 않으면 안 될 상황이 벌어졌는데 그것이 바로 변명하기 딱 좋은 처세술(處世酒), 내지는 접대술이라는 것이었습니다.

직장생활 할 때는 그저 내 마음 내키는 대로 의기투합하는 친구들과만 마시면 되었지만 내 생업살림으로 독립을 하고 본즉 그게 아니었습니다. 슬슬 어스름 땅거미가 지는 시간에 '오랜만에 얼굴이 보고 싶어서', '마침 근처를 지나가다가' 내 사무실을 찾아준 손님한테 커피나 달랑 한 잔 마시고 나 퇴근할 테니 이만 돌아가시오 —
라고 말할 수는 없는 노릇이었습니다.

자, 시간도 시간이니만치, 어디 가서 저녁이나 합시다 —하고
나면 그 시각의 음식점이라는 게 얌전한 샌님처럼 그저 한구석에
앉아 꾸역꾸역 밥만 먹게 되어 있지 않은 것이 현실입니다. 지글지
글 옆자리에서 고기 굽는 냄새가 진동한다면 분위기 따라서 고기
좀 굽게 되고, 고기 구워지면 소주 반주가 곁들여지는 게 보통사람
들의 순리였습니다.

그 시절의 술동무로는 반드시 거래처 클라이언트가 아닌 경우도
많았습니다. 광고계의 후배들, 특히 서울카피라이터즈클럽 회원들
과의 저녁 회동이 비교적 잦은 편이었습니다. 광고 아이디어를 짜
내서 밥을 먹는다는 게 여간 스트레스가 심한 정신노동이 아니어서
저녁이면 술로써 정신적인 여유를 찾는 게 이들의 상식이었기 때문
입니다.

한 가지 다행이다 싶은 것은 내 술 취향이 소주와 맥주에 국한되
어 있었다는 사실입니다. 체질 나름이겠지만, 소주와 맥주는 위스키
등 양주에 비해 알코올 중독률이 낮다는 믿음을 나는 갖고 있습니다.

위스키를 즐기던 몇몇 주변 술꾼들이 쉰을 얼마 넘기지 못하고 세상을 떠난 예가 그런 고정관념을 내게 심어준 듯합니다. 경제적 타산으로도 물론 소주파들이 유리할 수밖에 없음은 물론입니다. 뿐만 아니라 정신적으로도 양주파보다 소주파가 훨씬 더 건전, 건강하다는 사실을 부인할 술꾼은 아마 없을 줄 압니다. 양주를 마시는 환경에는 비용의 거품이 많을 뿐만 아니라 그런 곳에는 으레 지갑 속을 탐하는 직업적인 여자들이 개미귀신처럼 도사리고 있기 마련이기 때문입니다.

이때 만들어진 나름의 세 가지 술 원칙이 있었습니다. 첫째, 몸 건강을 위해 술은 무색무취한 것을 마신다. 둘째, 경제 건강을 위해 술자리는 반드시 1차에서 끝낸다. 셋째, 가정 건강을 위해 도우미가 술시중 드는 곳을 즐기는 술친구는 가까이하지 않는다.

시대와 세대차이가 있긴 하지만, 사회생활을 하는 요즘 젊은이들이 참고해 주었으면 하는 바람을 가져 봅니다.

씁쓸한 술

군벌정권 내내 많은 사람들이 으스스 소름 돋는다고 말해온 정보기관 지하실에 끌려갔던 경험담입니다. 1980년대 초반이니까 5공 정권 시절입니다. 화창한 봄날이었는데 아침에 충무로 사무실에 출근해서 조간신문을 막 펼치려던 참에 검은 양복을 입은 건장한 두 남자의 방문을 받았습니다.

"아무개 씨 맞지요?"

"어, 그렇소만."

"○○○○○○○에서 왔습니다."

"나한테?"

원 세상에, 이 나이 먹도록 동네 파출소도 한 번 가본 적이 없는 사람한테? 저들이 내미는 신분증을 보는 둥 마는 둥… 일단 까닭을 물었습니다.

"혹 무슨 오해가 있는 게 아니오?"

"일단 가보시면 압니다."

큰길로 나오자 골목 어귀에 제미니 승용차 한 대가 시동을 켠 채 서 있었고, 나는 검은 양복 두 사람의 사이에 끼어 뒷좌석 가운데 자리에 앉았습니다.

"고개를 아래로 숙이고 눈을 감아 주시겠습니까?"

여부가 있을 수 없었습니다. 차가 움직인 지 얼마 되지 않아 도착했으니 그것이 바로 소문으로만 듣던 으스스 지하실이었습니다.

크르렁, 철문 여닫는 소리가 나고, 눈을 감은 채 꼬불꼬불 미로와 같은 복도를 따라가다가 이윽고 좁은 철문 하나가 또 열리는가 싶더니 이제 눈을 뜨고 들어가라는 것이었습니다.

여섯 평 남짓한 창고 비슷한 방이었습니다. 군용 목재책상 하나와 걸상 두 개, 그리고 한쪽에 군용 철침대 하나가 놓였을 뿐 아무것도 없는 그야말로 으스스 밀실의 전형인 듯하였습니다. 어디선가 사람의 비명소리 같은 게 들려오기도 했습니다. 나중 알았지만 그것은 분위기 조성을 위한 옆방의 녹음장치랍니다. 아무튼 나는 한 남자와 일대일로 마주 앉았습니다.

"대체 무슨 일입니까?"

그러자 대답 대신 시사교양지 5월호 한 권이 툭 던져졌습니다.

“거기 실린 신상옥 감독에 대한 기사 당신이 쓴 거 맞지?”

반말이 시작되었습니다. 신상옥? 아, 그 원고 얘기인 모양인가?

그런데 신상옥과 정보기관과 무슨 상관이 있담? 상황이 괴이쩍어지고 있었습니다. 그러니까 그때로부터 한 달 전쯤 안면이 있는 월간잡지의 허 모 기자가 찾아와서 80매짜리 원고를 청탁했던 일이 있습니다.

“이 선생도 아시다시피 신상옥 감독이 홍콩에서 행방불명이 된 지 오랩니다. 신 감독이 우리 정부당국과 불편한 관계에 있다는 건 다 아는 사실이고… 그래서 어디선가 암살당했다는 소문도 있고, 영화사업 하다가 빚이 누적되어 자살했다는 소문도 있고… 그러나 아무튼 신상옥 하면 한국 영화계에 공이 많은 대표적인 거물 아닙니까? 누군가가 어떤 형식으로든지 그 분의 생애와 업적을 이제 정리해야 될 시점이라 여겨져서 왔습니다. 이 선생이 영화계에 조예가 있고 또 전직 시나리오 작가, 칼럼니스트로서 문필도 있으시니 꼭 좀 원고를 써주시기 바랍니다.”

그렇게 해서 신 감독의 객관적인 업적과 그 파란만장한 생애를 간추린 원고를 써서 넘긴 일이 있습니다. 그러나 그것이 왜 문제가 되는가 이해가 되질 않았습니다. 내가 고개를 갸웃거리자 남자가 대뜸 윽박질러 왔습니다.

"당신말야, 신상옥이가 평양에 가 있는 거 어디서 어떻게 알았어? 의도적으로 신상옥이를 이렇게 미화한 거지? 당신 배후가 뭔지 말해봐."

억! 평양? 미화? 배후?

세상에 태어나 처음 빠져보는 뜻밖의 함정… 날벼락도 유분수지…. 우선 잡지를 펼쳐 글의 내용을 찬찬히 읽어보기로 했습니다. 어느 부분, 내가 쓴 원고에 기자가 덧붙여 '미화'한 대목이 눈에 띄었습니다. 그러나 그런 건 내 육필원고와 대조하면 금세 해명이 될 일이었습니다. 내게 배후니 뭐니가 없다는 것도 뒷조사를 해보면 금세 확인이 될 일이었습니다. 같은 날 저녁 8시, '혐의 없음'으로 풀려날 때까지 수없이 많은 진술서들을 쓰고 또 쓰면서 오해와 오류를 바로잡기 위한 지루한 확인과정이 따라야 했습니다. 신상옥 감독이 평양에 가 있다는 놀라운 사실을 정보기관에서는 이미 알고 있었던 것입니다.

다시금 말씨가 공손해진 남자 둘이 나를 태워 충무로 사무실 앞까지 데려다 주었습니다. 그것은 콩트 같은 하루치의 해프닝이었고, 그들은 또 나름대로 제 직분에 충실한 애국 공무원들이다 싶어 저들을 근처 식당으로 끌고 가서 연민의 정으로 아무 말 없이 소주 한 잔을 샀습니다. 내내 아무 말도 필요 없는, 씁쓸한 술이었습니다.

절망의 술

　나의 젊을 적 술 얘기라면 이상문학상, 동인문학상 수상자이면서 1960년대 한국문학 대표작가 중의 하나인 소설가 K씨와의 추억을 빼놓을 수 없습니다. 대학 재학중에 벌써 동인문학상을 수상할 정도의 귀재였으니 당시 문화계에서 그의 인기를 짐작할 만합니다.

　그러나 그는 몇 편인가의 주옥같은 소설작품들을 나이 서른이 될 무렵까지 다 써버리고 사실상 절필해버린 매우 특이한 이력을 갖고 있습니다. 그리고는 무얼 했을까요? 내가 본 대로를 정확하게 말하면 별 하는 일 없이 술을 마셨습니다. 어쩌다 간간이 영화 시나리오를 써서 밥을 벌기도 하였으나 그러는 시간보다는 술 마시는 시간이 훨씬 더 많았으니까요.

　박정희 정권의 말년쯤이었고, UCLA에서 스필버그와 영화공부를 같이 했다면서 귀국한 하길종 감독이 '바보들의 행진'과 '속편 별들의 고향'을 어렵사리 만든 다음 서른 몇인가의 아까운 나이에 요절해버릴 무렵이었고, 그리고 미니스커트 단속과 장발단속이 한창

일 때였습니다.

당시의 대한민국은 야간 통행금지라는 역지 제도와 더불어 도시의 빌딩 옥상에 코카콜라 빌보드가 설 수 없는 지구상의 유일한 나라였습니다. 단속하는 법 규정의 내용이 재미있습니다. 간판 배경색깔이 붉은 색 일색이어선 안 된다는 기상천외한 규정! 붉은 색은 곧 친북(親北)을 뜻한다는 거였을 터입니다.

소설가 K씨의 아버지는 붉은 색 누명을 쓰고 6·25 전쟁 때 돌아가셨다는 애기를 얼핏 들은 적이 있습니다.

명보극장 옆길 건너 골목에 '희망'이라는 넓고 툭 터진 싸구려 맥주홀이 있었는데 그곳을 K씨는 선호하였습니다. 그곳에 생음악 밴드가 있었기 때문입니다. 머리가 좋고 유행가 부르기를 즐겼던 K씨는 1, 2, 3절까지 완벽하게 가사를 외울 수 있는 트로트 곡 레퍼토리가 줄잡아 100곡은 넘었지 싶습니다. 어느 날 K씨와 충무로 뒷골목에서 마주쳤습니다. 일주일이 멀다 하고 자주 만나는 터수였지만 그날따라 유독 더 반가워하는 눈치가 역연했습니다.

"만재, 잘 만났어. 시간 괜찮지? 지금 내 뒤 포켓에 오늘 받은 원고료 봉투가 들어있거든. 주머니에 돈이 있으면 근질거려서 난

못 견뎌. 가자구, 절망으로!"

맥주홀 '희망'을 그는 '절망'이라고 불렀습니다. 술집뿐만이 아니라 어쩌면 그는 시대 자체를 절망이라 규정하고 있는지도 모를 일이긴 하였습니다. 우리는 두말없이 절망의 퀴퀴한 테이블에 앉아 그날 하루치의 모든 희망이 절망으로 바닥날 때까지 맥주를 마시고 마셨습니다. 예외없이 그는 간이무대로 올라가 웅웅거리는 구식 마이크를 마이크대로부터 뽑아들고 〈목포의 눈물〉이며, 〈황성옛터〉며, 〈봄날은 간다〉며, 〈대전블루스〉를 꼬박꼬박 3절까지 불러댔습니다. 어찌나 마이크를 오래 독점하는지 견디다 못한 밴드 마스터 아저씨가 동행인 나를 불러 저 사람 좀 말려 달라고 통사정을 할 정도였으니까요.

너무 술을 마셔서 통금시간을 맞고 만 우리는 근처의 여관방으로 자리를 옮겨 맥주와 소주를 다시 마시기 시작했습니다. 너무 어둡고 거대해서 손에 잡히지도 않고 눈에 보이지도 않지만, 그러나 어느 한순간도 자칭 자유인들의 멱살을 놓아주지 않고 내내 옥죄어 마지않는 시대의 압제가 우리의 적(敵)이었습니다. 적을 엿먹일 수 있는 유일한 길이 술 속에 있다고 우리는 믿어 마지않았습니다.

"자 떠나자 동해바다로…"를 외쳐 부르는 술꾼한테 왜 술을 마시느냐고, 건강에 해롭고, 처신에도 해로운 백해무익한 술을 왜 마시느냐고 묻는 건 전혀 의미가 없는 일이었습니다.

저들은 못마땅한 세상판도의 반대편에, 피안(彼岸)의 구원자적 존재로서 술이 있다고 믿고 있기 때문입니다. 술은 그렇게 자신을 속이는 망각의 묘약이었고, 묘약의 효험은 저녁마다 확실했습니다.

세상은 사람을 속이고, 사람은 술을 속였지만, 그러나 술은 사람을 속이는 법이 없었습니다. 한 잔을 마시면 한 잔만큼 취하고, 두 잔을 마시면 꼭 두 잔만큼 취했습니다. 술은 내 몸 안에 들어와 정직하게 반응하는 가장 인간적인 반려였습니다.

내게 절망의 술로써 허무의 맛을 가르쳐 준 K씨를 다시 만난 건 그로부터 세월이 많이 지난 먼 훗날의 일입니다. 그는 독실한 기독교신자가 되어 있었습니다. 영민한 두뇌의 그는 인간이 결국에 돌아가야 할 고향이 어딘가를 스스로 깨우쳐 알아낸 것입니다.

열차간의 술

1970년대 중후반, 이십대 후반이었을까, 아니면 삼십 초반이었을까.

저마다 장가를 가서 가정을 꾸리고 있는 어엿한 가장 신분이었음에도 우리 술꾼 일당들은 개구쟁이 악동기질을 버리지 못했던 기억입니다.

당시 화장품회사의 광고제작 책임자이던 나는 광고(CF) 촬영을 위해 지방출장을 자주 가야 했습니다. 한 번 촬영을 나갈 때면 일행이 꽤 되었습니다. 인솔자, 감독, 촬영기사, 조명기사, 연출조수, 진행담당, 그리고 전속모델(연예인)과 모델 분장사(또는 매니저) 등이었는데 언제부턴가 객식구 하나가 더 따라다니게 되었습니다.

바로 대마초 사건으로 백수 신세가 된 이장호 감독이었습니다. 〈별들의 고향〉이며 〈어제 내린 비〉며 등을 연달아 히트시키면서 인기의 절정을 누리다가 하루아침에 나락으로 떨어져 할 일이 없게 되었기 때문입니다. 다행히 이 사람은 너스레와 붙임성이 좋아 우리 스태프들 중 누구와도 금세 친구가 되어버리고 마는 재주가 있었습니다.

촬영 출장지에서 그가 하는 일은 촬영업무 끝난 이후의 객고 푸는 시간에 좌중을 즐겁게 하는 감초 역할이었습니다. 영화계에서 잔뼈가 굵어 보고들은 엽기 스토리가 무궁무진인 데다가 통기타줄 퉁기며 노래 부르는 솜씨가 일품이었으므로 그가 낀 자리는 으레 취흥의 파고가 높기 마련이었습니다.

때는 봄이었고, 촬영지는 제주도였는지라 그가 빠질 리 없습니다. 2박 3일이었던지 3박 4일이었던지는 지금 확실치 않으나 아무튼 촬영일정도 무사히 잘 소화했고, 술도 화끈하게 잘 마셨습니다.

이제 제주공항에서 비행기를 타고 서울로 돌아오면 되는 것이었는데 문득 이 친구가 제안하는 것이었습니다.

"일행들 먼저 태워 올려 보내고 만재형하고 나는 부산에 하루 들렀다 갑시다."

부산에 술친구들이 몇 있는데 우리가 가면 그냥 푸대접은 하지 않을 거라는 얘기였습니다. 그렇게 해서 두 사람은 뜻하지 않게 부산행 비행기를 타게 되었습니다. 과연 부산의 술친구들은 요샛말로 장난이 아니었습니다. 광복동에서 시작한 술이 해운대에서도 끝나지 않았으니 말입니다. 기필코 하루 더 마시고 가야 한다며 붙잡는 통에 이 감독은 끝내 붙잡혀 주저앉았고 나는 회사 출근 때문에 혼자서 급행열차 타고 귀경길에 오르게 되었습니다.

장소는 자연스럽게 나른한 오후의 부산역 광장!

실은 여기서부터가 이 글의 본편입니다. 하필이면 천리타관 부산역 광장에서 또 하나의 못 말릴 악동친구 C를 만나게 될 줄이야.

C는 소설가입니다. 보통 소설가가 아니라 1970년대 최고의 인기작가로 방방 날던 걸물입니다. 이 사람도 나보다 나이가 뒤 살 아래여서 호형호제하는 터수입니다. 물론 나도 반갑기는 하였지만 얼핏 보기로는 나보다 그가 더 나를 반기는 듯한 눈치였습니다. 속사포 같은 그의 말투가 지금도 귀에 생생합니다.

"와우, 형 잘 만났어. 서울행 기차 탈 거지? 내가 부산에 일보러 내려와서 술 마시는 바람에 지갑이 바닥났걸랑. 표 끊을 때 내 것도 좀 끊어줘."

내 주머니도 비긴 마찬가지였으나 표 두 장값은 되었습니다. 지금 기억으로 표값이 일인당 6천 얼마 되었던 것 같습니다. 그렇게 해서 열차에 올랐는데 오르자마자 열차 내 리어카 판매원이 쉼 없이 지나다녔습니다.

"오징어나 땅코-옹, 시원한 맥주 있어요."

한 가지 특기할 만한 사실은 어인 일로 이 친구 C는 판매원이 지나갈 때마다 간질병 환자의 그것 비슷하게 몸을 뒤틀며 투덜대는 거였습니다.

"아, 시바… 아유…."

내가 놀래서 물어봅니다.

"이봐, 친구, 어디 아파?"

"아냐, 형 아무것도 아냐…."

그러나 그건 말 뿐, 실제로는 끊임없는 몸 뒤틀기가 계속되었습니다. 그러면서 열차가 대구쯤을 지날 때였던 기억입니다.

갑자기 이 친구 C가 지나가는 판매원을 향해 버럭 소리를 지르는 거였습니다.

"아, 시바… 못 참겠다. 저 이봐요, 아저씨, 여기 시원한 맥주 두 병하고 땅콩 하나 줘요."

나는 영문을 몰라 눈이 동그래져 있는데 이 친구 C는 허리춤 비상용 라이터 주머니에서 꼬깃꼬깃한 만 원짜리 지폐 한 장을 꺼내는 것이었습니다. 그것은 이 친구의 간질병 몸 뒤틀기의 비밀이 까발려지는 순간이자 동시에 내가 그런 그의 솔직성을 인간적으로 좋아하게 된 계기이기도 하였습니다. 세상에서 가장 맛있었던 맥주 한 병의 추억이었습니다.

대책 없는 술

"야, 출출한데 어디 가서 생선회에 소주나 한 잔할까?"

때는 초여름이었고, 땅거미가 질 무렵이었고, 맨입으로 그냥은 절대로 헤어지지 않을 악동들이 하필이면 그날의 구성원이었습니다.

1979년이던가? 내 나이 서른 중반 무렵입니다. 남산 서울예전 옆 건물이 한양녹음실이었는데 당시 현진영화사가 그 건물 안에 있었습니다. 친구 이장호 감독, 현진영화사 김원두 사장(영화 ET 수입, 작고), 시나리오작가 백결 씨, 그리고 나까지 네 사람이었습니다.

어슬렁어슬렁 계단을 내려와 학교 정문옆 비탈길에 세워둔 내 차 포니에 네 사람이 탔습니다. 자가용차가 귀하던 시절입니다.

"충무로로 내려가지. 일식집에서 회나 한 점 먹지 뭐."

그래서 충무로로 향하는 참인데 누군가가 엉뚱한 제안을 했습니다. "생선회라면 최소한 인천에라도 가야 되는 거 아니우?"

누군가의 제안 하나가 나올 경우, 절대로 그 제안에 제동을 걸면 안 될 것 같은 그런 분위기였습니다.

"인천? 좋지!"

극동빌딩 옆 골목에서 차는 이제 신세계 방향 퇴계로로 나왔습니다. 인천으로 가기 위함입니다. 그러자 또 누군가가 한 술 더 떴습니다.

"쪼잔하게 인천이 뭐유? 회라면 동해안쯤 가서 제대로 먹어야지!"

"동해 좋지!"

"뭐, 동해? 야밤에 고래 잡을 일 있어?"

"뭐가 대순데? 우리가 가면 가는 거지 뭐!"

"야호, 가자, 동해바다로!"

졸지에 차는 동쪽으로 머리를 돌리고 밤길을 달리기 시작했습니다. 영동고속도로가 왕복 2차선일 때입니다. 당시 떠들썩했던 히피영화 '이지 라이더'의 영향이었을까, 아니면 자유와 분방이야말로 저들의 정신적인 양식이자 꽉 막힌 의식의 돌파구라는 뜻의 반증이었을까. 굳이 동해안까지 가야 할 이유가 없다는 사실 자체가 역설적으로 우리를 동해안으로 내몰고 있었습니다.

원주 시가지의 불빛이 멀리 보이기 시작하자 조수석의 이장호 감독이 또 제안했습니다.

"원주에 누가 있는지 알우? 서울의 기관원들이 하도 귀찮게 따라다녀서 지하형이 지금 원주에 은둔해 있다구. 장모댁에 얹혀 있거덩요. 기왕 밤도 늦었으니 원주에 들어가 지하형이랑 한잔하고 눈 좀 붙였다 가는 게 좋지 않겠수?"

그 유명한 '시대의 아픔' 김지하 시인을 찾아간다는데 반대할 이유가 없었습니다. 그러나 불행하게도 시인은 출타중이었습니다. 근처 '천하태평'이라는 식당에서 막걸리 마시고 있을 거라고 해서 찾아가 보았으나 허탕이었습니다. 장모 되시는 박경리 선생의 자상한 환대가 있었지만, 우리는 사양하고 나올 수밖에 없었습니다.

혹시나 하는 마음에 '천하태평'에서 저녁을 먹었습니다. 반주를 넉넉히 곁들였음은 물론입니다. 시내 호텔에서 하룻밤을 자고 이튿날 새벽 다시 동쪽으로 난 길을 달렸습니다. 주문진의 한 포구에 당도했습니다. 민박을 겸하는 횟집을 정하고, 내다본즉 과연 동해는 동해다웠습니다. 우선 코발트색의 농도가 달랐고, 후각을 매료하는 갯내음이 달랐고, 하얀 포말로 부서지는 파도소리의 기개가 자못 우렁차고도 후련한 바 있었습니다.

식탁에 올라온 갖가지 싱싱한 회와 소라, 문어가 동해 본바닥의 진가를 발휘하자 우리는 눈을 빛내며 반평생 쌓아온 내공을 시험이라도 하려는 듯이 두주불사의 주량을 과시하기 시작했습니다. 지구의 종말이 바로 그날이었습니다. 마시고 마시고 또 마셨습니다. 교대로 곯아떨어지기도 했지만, 또 교대로 깨어나 다시 마시기도 했습니다. 먹고 마시던 자리에서 그대로 밤을 보냈으니 잠을 잔 것도 아니요, 안 잔 것도 아닌 야시야 주시주(夜是夜 酒是酒) 그 자체였습니다.

그래도 그런 가운데 운전을 해야 했으므로 비교적 나는 자제를 한 편이었습니다. 드디어 출발할 시간이 되자 이제 계산할 일만 남게 되었습니다. 네 남자가 지갑을 다 털었습니다. 놀라운 일은 지갑을 다 턴 금액의 합계와 계산서의 합계금액이 정확히 일치했다는 점입니다. 그로 인한 사태 하나가 우선 절실했는데 그것은 귀경용 고속도로 통행료가 우리한테 없다는 사실이었습니다. 내 평생에 그토록 대책 없이 술을 마셔보기는 그날이 처음이었습니다.

그해 가을, 종신 대통령을 목적으로 한 유신정권 박씨는 청와대와 인접한 국가기관 소유의 밀실에서 젊은 여자 연예인등과 함께 달콤한 애주 시바스리갈을 마시다가 심복 정보부장의 총탄을 맞고 그토록 모질었던 세상의 끈을 놓았습니다. 술의 한 시대는 그렇게 저물고 있었습니다.

웃겼던 술

지금 들으면 잘 믿어지지 않는 웃기는 일들이 지난 시절에는 참 많이 있었습니다. 그 시절을 나는 권위주의 군벌 독재시대라고 규정합니다. 가령 신문기자나 방송 종사자처럼 '유관기관' 사람들이 교통법규 위반을 하면 경찰들은 예외 없이 잘 봐주었습니다. 왜 잘 봐주었을까요? 교통경찰들 자신이 근무현장에서 약점이 참 많을 때였고, 기자들은 그 약점을 기사로써 고발하는 위치에 있기 때문이 아니었을까 짐작됩니다. 기자 신분이 그러하니 높다란 공직에 있는 사람들의 위세가 어떠했겠는가는 상상에 맡기겠습니다.

자가용차가 워낙 귀할 때여서 포니만 타고 나타나도 술집 마담들은 그야말로 버선발로 달려 나와 칙사 대접을 하던 시절이었습니다.

대통령 박씨의 피살로 국가권력의 공백상태가 되자 전씨 등 정권 가로채기를 노린 일단의 정보장교들이 참모총장 관사에 쳐들어가 무력으로 총장을 연행 감금하고 군통수권 장악을 시도한 아리송한 사건을 두고 우리는 12·12 사태라 부릅니다.

대중가요 작곡가인 E씨가 집에서 아침밥을 먹다가 갑자기 쳐들어온 한 무리의 군인들에 의해 끌려간 곳은 서울 필동에 있는 한 군부대였다고 합니다. 사무실 같은 곳에서 한참을 앉아있게 하더니 이윽고 모자에 별 한 개를 단 군인이 나타났습니다. 그 군인은 대뜸 허리춤에서 금속제 지휘봉을 빼들더니 E씨의 배와 가슴을 사정없이 쿡쿡 찔러댔답니다.

"네놈 맞지? 뭐가 그렇게 아리송해 임마?"

자초지종을 설명하지도 않고 영문 모른 채 끌려온 민간인에게 군인들은 무차별 폭언을 계속해서 퍼부었습니다.

"말해 봐, 뭐가 그렇게 아리송하냐구! 네놈 배후에 누군가가 있지?"

E씨는 당시에 한창 유행하기 시작한 가수 이은하의 '아리송해'를 만든 사람이었습니다. 이 얘기는 E씨가 내 충무로 사무실에 놀러 왔다가 직접 들려준 웃기는 '5공 코미디'의 실화입니다. 그야말로 술에라도 취하지 않고는, 맨정신으로 소화하기가 절대로 쉽지 않은, 웃기는 사연들이 꼬리에 꼬리를 무는 시대였습니다.

선배 되는 원로 광고인 중에 K씨라는 분이 있습니다. 당시 위장약 광고 카피를 쓰면서 '속 편하게 삽시다'라는 헤드라인을 뽑아 광고를 냈는데 이것이 또 5공 검열당국의 비위를 거슬렀습니다.

"속 편하게 살자구? 뭐가 그렇게 아니꼬워서 속이 불편해?"

결국 이 헤드라인은 다음날부터 '속 편하게 합시다'로 고쳐져서 집행되었습니다. '삽시다'와 '합시다'의 사이에는 뭐가 있었을까요?

쓰디쓴 소주 한 잔… 없을 수 없었습니다. 어느 작가가 '술 권하는 사회'라는 글을 쓰기도 했지만, 당시 남자들의 사회에서 술 마시기는 너무나도 당연하기 짝이 없는 미덕 중 미덕이었습니다. 술 한 잔을 걸치지 않고 그냥 곧장 집으로 퇴근? 그런 의리 없는, 그런 배은망덕한, 그런 표리부동한, 그런 졸장부 같은 일은 누구도 상상할 수가 없던 시절이었습니다.

술 마시는 일이 얼마나 미덕이었느냐가 교통경찰들의 교통단속에서도 여실히 드러나곤 했으니, 가령 이런 식이었습니다. 신호위반으로 적발된 운전자가 있습니다. 운전자는 차 유리문을 내리고 단속경찰관의 면전에 일부러 술 냄새를 풍겨댑니다.

"술김에 그랬으니 좀 봐주슈."

그러면 경찰관은 코를 가까이 대고 이 운전자가 거짓말을 하는 것은 아닌지 확인합니다. 술 냄새가 코를 찌릅니다. 그러면 경찰관의 표정이 금세 너그러워지면서 통과 사인을 보냅니다.

"고의성이 없는 취중 실수한 듯하니 봐 드립니다. 가 보세요."

만약 운전자가 술을 마시지도 않았으면서 거짓말을 했더라면 그는 가차없이 딱지를 끊었거나 아니면 면허증 뒤에 5천 원짜리 지폐 한 장을 포개어 슬쩍 건네주어야 했을 것입니다. 격세지감이지요.

운전자들의 퇴근길 술집 행(行)이 당연한 일로 받아들여지던 시절은 1986 아시안게임 직전까지 계속되었습니다. 음주운전이 더 이상 미덕이 아닌 패덕(悖德)으로 확실하게 인식되게 된 것은 아시안게임과 서울올림픽이라는 양대 국제행사의 공이 큽니다. 요즘 소주가 알코올 도수 20도 안팎에 머물고 있음에 비해 당시의 소주는 30도였는데 그것도 모자라 40도짜리 고량주까지 대중주로 판을 치던 시대였기 때문에, 당시의 음주는 술을 즐기기 위해서였다기보다는 거의 자학(自虐)의 형벌에 가까운 일종의 파괴본성 충족행위였던 일면이 없지 않습니다.

이른바 폭탄주라는 것도 그 방면의 시대적 물증 중 하나에 다름이 아닐 터입니다.

자축(自祝)의 술

충무로 한복판에 있는 고층빌딩의 조그만 방이 혼자서 글쓰기에 몰두한 프리랜서 카피라이터로서의 작업실이었습니다. 한 친구가 와서 보고는 나를 '면벽수도(面壁修道) 하는 도인(道人)'이라 칭한 적이 있을 만큼 1980년대에서 2천 년대에 이르기까지 20여 년간의 내 모습은 거의 수도사 내지는 구도자적인 정신일도(精神一到)의 그 무엇이었습니다. 집중해서 일을 한 만큼 긍정적인 보람도 있었습니다. 자식 셋을 대학까지 가르쳐 시집 장가보낸 것이 우선 그 기간동안의 '애비노릇'이었다 할 수 있고, 업무적으로도 기억에 남을 만한 성과가 적지 않았습니다.

동원산업이라는 원양어업 회사가 창업한 지 얼마 되지 않는 초창기에 경영주인 K 사장님과의 길고도 긴 독대회의 과정을 거쳐 '동원참치 씨치킨'이라 제조되어 있던 참치 통조림의 이름을 '동원참치 살코기캔'이라 바꿔놓음으로써 업계 톱 브랜드로서의 기틀을 다질 수 있게끔 도왔던 일이 기억납니다. 이런 브랜드네이밍은 프리랜서 카피라이터에게 흔하게 오는 기회가 아니기 때문에 더 기억에 남는지 모르겠습니다. 이런 좋은 일을 성사시키고 나면 어린애 같은 흥으로 혼자 마신 자축의 술에 취해 남산공원 돌계단을 영화 속의 록키처럼 뛰어오르곤 했습니다.

1980년대 중반부터 농심 광고팀의 계약직 전문위원으로 출입하는 기간 동안에는 저 유명한 '신라면' 론칭광고, '안성탕면' 광고 등을 함께 만들었고, 음악가 윤형주 씨와 함께 '새우깡' CM송을 만들기도 했습니다.

대기업뿐만이 아니라 유망하지만 영세한 중소기업을 도운 일도 있습니다. D라는 회사의 젊은 사장이 미국유학을 마치고 귀국하면서 '베파텍'이라고 하는 미국 탈취제 브랜드 한국 총판권을 갖고 와서 사업을 시작했는데 휘튼치트라는 숲속물질 천연원료로서 우수한 제품력을 갖고 있음에도 어인 일인지 사업이 잘 풀리질 않자 전문 카피라이터를 찾아왔습니다.

여러 경로의 시장진단 끝에 마케팅 계획을 새로 세우고, 상품 이름도 '냄새 잡는 산도깨비'로 바꿔 붙여 주었습니다. 그 결과 '산도깨비'는 하루아침에 국내 시장에서도 유명 브랜드로 자리잡는 데 성공했습니다.

또 하나 기억에 남는 것은 4반세기 군벌 독재정권이 막바지를 치닫던 1980년대 후반의 6공화국 시절, 민주화를 열망하는 국민들의 자발적인 국민주주 모금에 의해 한겨레신문이 탄생할 때 그 주주모집 캠페인 시리즈광고(총 7편)를 제작하여 성공적인 목표달성에 기여한 일입니다.

국민주주에 의한 일간신문 탄생이라는 게 세계 언론 역사에도 없던 일임은 물론이려니와 당대의 문필들이 득시글거리는 언론사에서 정식으로 외부에 카피라이팅을 아웃소싱한 첫 사례라는 의미가 곁들여져 있어서 또 한 번 소년처럼 기분이 좋았습니다.

'그 어렵던 시절에 아빠는 무얼 하였는가 뒷날 우리의 자식이 묻습니다', '국내에서 가장 못난 신문, 세계에서 가장 놀라운 신문'이라는 헤드라인이 지금껏 기억에 남아 있습니다. 독재 반세기의 타성에 항거하여 민주화를 갈망하는 국민정서의 인화질물에 불을 댕기는 점화수(點火手) 역할을 맡아 해낸 것입니다.

한겨레신문 창간 1주년 기념식에 초청되었습니다. 지금은 신문사가 공덕동 고갯마루에 있지만 당시에는 양평동 공장단지에 있었는데, 기념식장에서 나는 외부인사로는 유일하게 송건호 당시 사장으로부터 창간 공로패를 받았습니다. 기나긴 흑암의 역사, 질곡의 터널을 지나 이제 민초들의 작은 힘들이 티끌처럼 모아져서 마침내 할 소리 다 하는 일간신문 하나가 탄생하는 데 결정적인 일조를 하고야 말았다는 가슴 울렁이는 자축의 술 한 잔이 없을 수 없었습니다. 그것이 아마 1989년도쯤의 일이 아니었나 싶습니다.

비상업적인 보람도 몇 케이스가 있었는데 그 중 하나가 바로 기독교방송(CBS)의 콜사인 슬로건을 제작한 일입니다. 요즘도 운전중에는 주로 기독교방송을 듣게 되는데 매 시간 시보(時報) 때마다 "정직한 세상을 가꾸는 방송 CBS"라는 슬로건 멘트가 나올 때마다 '한마디의 승부사'로서 일한 보람을 느끼곤 합니다. 이때는 이미 기독교에 귀의해서 '따끈따끈한 찐빵'을 마구 구워대던 1990년대의 일이라 술이 아닌 다른 방식으로 자축의 감사를 드릴 수 있었습니다.

감사! 그렇습니다. 정말로 감사한 일 투성이였던, 치열한 생업의 세월 4반세기였습니다.

재벌의 술

피 뜨거웠던 1980년대 중후반의 일로, 서울 충무로 라이온즈 빌딩 10층 사무실에서 이른바 프리랜서 카피라이터 생활을 할 때였습니다.

남들보다 일 욕심이 많아 조금이라도 남는 여가를 생산적으로 활용한다는 차원에서 여러 곳의 텔레비전 방송에 MC나 패널 등으로 출연하여 얼굴 알리기를 일삼는 한편, 신문 잡지와 기업체의 사보에 칼럼과 에세이를 연재하였습니다. 그 중 한 매체가 D그룹의 월간 사보였는데 내용인즉슨 젊은 직장인들의 세상 인식에 관한 조금은 진보적이고 전투적인 얘기들이 주류를 이루었습니다.

그런데 하루는 그 회사에서 홍보를 담당한다는 임원 한 사람이 사무실로 찾아왔습니다. 사주(社主)인 C회장이 사보 연재 필자인 나를 만나고 싶어한다는 거였습니다. 만나지 못할 이유가 없었으므로 시간과 장소를 정하라고 했더니 이튿날 연락이 왔습니다.

장소는 장충동에 있는 C회장의 저택이었고, 시간은 당일 저녁이었습니다. 약속장소인 그 집 위치를 잘 몰랐으므로 신라호텔 커피숍에서 일단 만나 안내를 받기로 했습니다. 그런 과정을 거쳐 당도한 곳이 바로 항간에 호사가들의 입에서 은밀하게 회자되던 C회장 네의 지하 만찬장이었습니다. 만찬장을 지하에 꾸민 것은 음주가무로 인한 방음문제 때문이라는 얘기를 나중에 들었습니다.

아무튼 넓이가 50여 평은 족히 되고도 남을 널찍한 만찬장에서 C회장과 상견례를 가졌습니다.

신문지상 같은 데서 사진으로 자주 보던 후덕한 인상 그대로였습니다. 매달 사보에 실린 내 원고를 빠짐없이 읽고 있는 자칭 팬이라는 그의 인사치레가 곁들여졌습니다.

그런데 알고 보니 이날의 자리가 나 혼자만을 위한 것은 아니었습니다. 그룹 계열사의 사장단과의 합석 만찬자리였던 것입니다. 처음 보는 사장들과 돌아가며 인사를 나누었습니다. 그런 가운데서 나는 주빈석에 C회장과 나란히 앉았고 내 반대편에 그 집 안주인이 앉았습니다. 예상했던 대로의 여러 가지 호사스런 안주거리가 저녁을 대신해서 차려져 나왔고 난생 처음 보는 고급의 양주가 스트레이트로 돌기 시작했습니다. 술이 세다고 소문난 건설부문이 주력기

업이었기 때문에 관행적으로 그렇게 이어져온 회식방식인 모양이었
습니다.

당시 나이도 한창 젊었거니와 술이라고 하면 그때까지 누구한테
져본 기억이 별반 없던 터여서 잔이 돌아오는 대로 넙죽넙죽 받아
마셨습니다. 분위기가 무르익는가 싶었는데 문이 열리더니 일단의
젊은이들이 저마다 악기를 들고 들어왔습니다.

왕년의 유명 통기타 가수 K와 4인조 N밴드였습니다. 아마 이 집
의 단골 연예단인 듯하였습니다. 이 중 K는 나하고 악수하고 지낼
정도로 조금은 아는 처지여서 잠시 쑥스러워하는 표정이었으나 이
내 직업근성을 발휘하여 흥겨운 음악으로 좌중의 흥을 돋우기 시작
했습니다. 그러는 사이에도 술잔은 멈춤 없이 돌았고 나는 C회장과
함께 그 점잖은 공격라인의 주요 타깃이었습니다. 사회를 맡은 가수
K의 지목에 따라 한 사람씩 마이크 앞에 나가 노래를 불렀습니다.

C회장도 부르고 나도 불렀습니다. 거기까지가 내 기억의 전부입
니다. 새벽에 목이 타서 잠을 깼습니다. 머리가 무거웠는데 우리집
이었습니다. 간밤 자정 넘은 시각에 웬 검은 양복 입은 남자의 등에
업혀 들어왔다는 것입니다. 집사람한테서 들은 인상착의가 홍보담

당 임원 그 사람이었습니다. 어떻게 우리집(명일동)을 알았을까?

내 차는? 내 차는 어제 신라호텔 주차장에 세워둔 기억이 났습니다. 비틀거리며 출근하려는데 안경이 보이질 않았습니다.

어제 장충동 그 집에서 어떻게 된 모양이었습니다. 택시를 타고 충무로 사무실에 도착한 것이 대략 10시쯤입니다. 내 책상 위에 웬 예쁜 상자 하나가 놓여 있습니다. 이게 뭔가 여직원에게 물으니 아침 여덟 시 반쯤 웬 검은 양복 입은 남자가 두고 갔다는 것입니다.

상자 안에 든 것은 내 안경이었습니다. 참담한 기분이 들었습니다.

졌구나, 술한테… 졌구나, 재벌한테…!

내가 양주를 스트레이트로 마시지 않게 된 것, 그리고 어디 가서 섣불리 주량 자랑을 하지 않게 된 것이 바로 장충동의 그 일이 있고 난 후부터입니다. 어느 분야에나 내공에 따른 고수가 반드시 있기 마련이라는 사실을 배웠기 때문입니다.

주선들의 술

술을 마셔도 몸과 마음이 흐트러지지 않는 사람을 나는 주선(酒仙)이라 부릅니다. 근엄했던 얼굴 표정이 발그레 온화해진다는 변화 말고는 달리 큰 변화를 보이지 않는다는 공통점을 갖고 있기도 합니다.

서울대 교수를 지낸 분인데 이분은 교회에서 성가대를 지휘한 전력도 갖고 있는 독실한 신앙의 장로님이지만 술꾼을 만나 친목을 해야 할 경우, 절대로 술을 피하지 않습니다.

주는 대로 덥죽덥죽 잘 받아 마실 뿐만 아니라 흥에 겨우면 스스로 한 곡을 멋지게 뽑는 호기를 부리기도 합니다. 권위를 내세우지도 않고 티를 내며 고결한 척하지도 않기 때문에 만의 하나 이분을 조금이라도 싫어하는 이가 생겨날 까닭이 없습니다.

식도락에 일가견이 있어 서울 시내 골목골목의 서민풍 맛집들을 주르르 꿰는 그인지라 아무 때고 이 양반을 만나는 날이면 그날이 바로 소문 안 난 맛집 하나를 발견하는 날이 되는 것입니다.

하루는 이분을 관악캠퍼스에서 만났는데 차를 타고 용산 역전으로 가자는 것입니다. 여행객을 상대로 하는 역전거리의 식당이라는 게 대개 뻔하기 때문에 의아한 눈치를 했더니 그저 두말 말고 가자는 것입니다. 허름한 한 식당엘 찾아가서 본즉 과연 독특한 조리법의 불고기 맛이 예사롭지 않았습니다.

또 한 분은 남녘지방 산속의 조그만 절집을 지키는 승려입니다. 산길을 내려와 조그만 소읍의 장거리 주막에서 대작을 시작했는데 새벽까지 동동주 한 동이를 다 비웠는데도 얼굴 화색 하나가 변하지 않음은 물론 앉은 자세가 내내 꼿꼿하였습니다.

"중이 술 먹는다고 소문나서 우리 절 시주 다 끊어지겠다, 오늘… 껄껄껄…."

그게 전부였습니다. 나 혼자 취하여 비결을 물었더니 자신은 술을 차(穀茶)로 알고 마신다는 거였습니다.

눈이 펑펑 쏟아지는 날에도 이분은 얼음장 같은 계곡물에서 목욕을 한다는 것입니다. 뒷날 내가 기독교에 귀의했다는 편지를 띄웠는데 답장이 걸작이었습니다.

"독헌 양반, 어찌 술 담배를 다 끊고 고행의 길로 들어섰단 말이오?"

　내가 겪은 또 다른 주선으로는 이제 세계적인 예술가 반열에 오른 임권택 감독과 소설가 이청준 선생을 들 수 있습니다.

　이분들의 특징은 술이 들어가고 또 들어가도 말씨가 커지거나 동작이 거칠어지지 않는다는 것입니다. 가만가만 도란거릴 뿐 햇살처럼 다사로운 표정과 그에 딱 걸맞음직한 온유의 말씨가 전부입니다.

　절대로 좌중이나 이웃에게 결례를 하지 않을 뿐만 아니라 결코 누군가에게 술값을 치르게 하는 법도 없습니다. 이분들의 단아한 술자리 정담(情談)을 곁에서 듣고 있노라면 도란도란 말소리 내용의 흐름이 굽이굽이 졸졸거리는 도랑물과 같고 청솔밭 휘감아 도는 맑은 바람결과도 같아서 술이라는 보통명사 자체가 일정치의 격을 부여받고 있다는 사실을 실감하게 됩니다.

　어느 해 여름, 이청준 선생과 남도를 여행하는 중에 마침 남원 시내 광한루 가까운 공원부지에 야외세트를 짓고 '춘향던' 촬영에 몰두하던 임 감독을 위문차 방문한 적이 있습니다. 그 고장에서 가장 잘한다는 추어탕 집에서 저녁을 내더니 잠자리로는 번듯한 호텔방을 잡아주는 것이었습니다. 임 감독과 스태프들의 숙소는 그 옆

골목에 있는 조그만 여관이었습니다. 행동거지에서 자신에게 그토록 엄격한 생활을 하면서도 남에게는 항용 날씨 맑음의 미소로 인덕을 베풀며 사는 분이 내가 아는 주선(酒仙) 임권택 감독입니다. 그래서 가끔 생각하게 됩니다. 술을 먹느냐 먹지 않느냐 하는 행위 그 자체가 중요한 게 아니라 그것을 먹는 사람이 술이라는 물질을 어떤 품성 수준으로 어떻게 다루어내느냐 하는 것이 더 중요하지 않을까 하는 생각 말입니다. 말 많다고 하는 영화계에서, 말씨 예리하다고 하는 문단에서 임권택 감독과 이청준 선생을 농담으로라도 폄하하는 이를 본 적이 없으니 그분들을 보는 다른 이들의 생각도 나와 크게 다르지 않지 싶습니다. 술로 인해서 사람이 불편해지는 것은 술 때문이 아니라 술 주변의 사람 때문이 아닐까 하는 생각도 그래서 함께 해보는 것입니다.

앞서 얘기한 그 교수 장로님 같은 분만 있다면, 그 스님 같은 분만 있다면, 임권택 감독 같은 분만 있다면, 그리고 세상에 이청준 선생 같은 분만 있다면, 술이라는 물질이 손가락질 당할 일도 별반 없겠다 싶습니다.

고향의 술

　어릴 적 내 고향 동해안 어촌마을에서는 해마다 여름철에 멸치 후리라는 동네행사가 자주 있었습니다. 전통적 방식의 멸치잡이 행사를 이름입니다. 그런데 그것이 왜 동네행사인가는 나중에 설명하기로 하지요. 아무튼 해질녘에 어촌의 고깃배들이 불을 대낮같이 밝히고 여러 척 바다로 나갑니다. 시커먼 밤바다를 향하여 십 리도 나가고 이십 리도 나갑니다. 그러면서 멸치떼가 몰려다님직한 물목을 골라 아주 서서히 선회합니다. 그러면 멸치떼들은 저들이 좋아하는 불빛을 좇아 불 밝힌 어선 주위로 사정없이 몰려듭니다.

　바다 물고기들은 밤바다에서 도깨비불 같은 인광을 발하기 마련인데 인광의 집합도와 범위 및 움직임의 정도를 보고 어부는 고기떼의 어획량을 가늠합니다. 멸치떼가 물량으로 따져 어느 정도 모였다 싶으면 그것들을 불빛으로 둥글게 유인하면서 천천히 포구의 모래톱을 향합니다. 그러다가 일정 거리에 이르렀을 때 어선들은 서로 연합하여 거대한 멸치 그물망을 수면 아래로 펼칩니다.

이때가 바로 동네사람들이 집집마다에서 저마다 커다란 소쿠리나 함지박을 울러 매거나 횃불을 하나씩 밝혀들고 모래톱으로 모여드는 시간입니다.

불 밝힌 어선들의 둥그런 원형이 점점 가까워질수록 사람들의 흥분은 고조됩니다. 하나의 거대한 그물망을 둥글게 원을 그린 여러 척의 배들이 한 귀퉁이씩을 맡아 잡고 모래톱으로 끌고 오는 형국인데 어선들의 임무는 동네사람들의 환호성 속에서 뱃머리가 모래톱에 접근할 때까지만입니다.

두 척의 선두 어선 밑창이 모래바닥에 닿는 순간, 동네사람들이 함성을 지르며 벌떼처럼 달려들어서는 거대 그물망의 양쪽 밧줄을 사정없이 잡아당겨 모래톱 안쪽으로 끌고 옵니다. 남녀노소 다 합친 수십 명의 힘이기 때문에 가능한 대역사(大役事)입니다. 그래서 멸치후리는 어촌마을의 동네행사일 수밖에 없다는 것입니다.

육지에 끌어 올려진 거대 그물 안에는 말할 것도 없이 열 가마, 스무 가마 분량의 산(生)멸치들이 퍼덕여댑니다. 우리가 마른 멸치를 보면 그 생김새가 누르스름한 흰 물고기로 여겨지지만 바다에서 금방 건져 올린 산멸치를 보면 몸뚱이는 보이지 않고 가느다란 척

추 뼈만 보입니다. 왜냐구요? 멸치의 몸뚱이 자체가 원래 유리처럼 투명하기 때문입니다. 멸치후리에서 재미난 광경은 거대 그물망 속에 멸치만 있는 게 아니라는 사실 때문에 빚어집니다.

일테면 물 속에서 불빛 좇아 구경 나왔다가 재수 없이 멸치그물 안에 갇히게 된 고등어, 갈치, 청술뱅이, 꽃게, 바다거북이 따위의 부산물을 이름입니다.

명절날 동네사람들이 단체로 줄다리기하는 것과 비슷한 흥겨움이 멸치후리 행사의 묘미입니다. 거대 그물을 다 끌어 올렸다 싶으면 맨 먼저 하는 일이 앞서의 부산물들을 따로 골라내는 일입니다.

그 다음에 하는 일이 이 후리 행사의 백미라 할 수 있는 것인데 합심하여 그물 끌어올리기에 참가한 동네사람들에 대한 멸치 분배입니다. 저마다 들고 나온 소쿠리에 꼬물거리는 산멸치를 한가득씩 퍼주는 것이 분배의 방식입니다. 물론 거기에는 그물 당기기에 힘을 많이 쓴 장정도 있고, 반대로 힘 한 번 제대로 거들지 못한 노약자나 아녀자도 있을 터이지만 분배에서만큼은 차별을 두지 않는 것이 후리행사의 넉넉한 인심입니다.

한 소쿠리씩 받아들고 온 사람들은 펄떡거리는 산멸치를 우물물

로 대충 헹군 다음 그것을 다시 작은 소쿠리에 옮겨 담습니다. 그러
는 한편 커다란 양푼에 식초를 많이 탄 초고추장을 만들면서 텃밭
붉은 상추를 뽑아 우물물에 씻으면 준비 끝입니다. 이제 먹는 일만
남았습니다. 아직껏 펄떡거리기를 멈추지 않는 산멸치를 초고추장
양푼 안에 쏟아 부어 범벅을 만듭니다. 초고추장을 뒤집어쓴 멸치
는 더더욱 펄떡거립니다. 그러면 그것을 한 숟갈 크게 퍼서 상추에
쌈을 싸서 먹습니다. 입안에 산멸치의 꼬물거림이 느껴지는 그것이
바로 멸치회의 별미입니다.

이때 곁들이는 것이 한 잔의 기가 막힌 농주(農酒)입니다. 농주
라는 단어의 뉘앙스가 집에서 누룩 띄워 몰래 만든 밀주(密酒)라는
뜻일 수도 있습니다. 상추와 산멸치와 초고추장을 씹는 맛, 그리고
거기에 더해지는 농주와의 조화를 필설로 차마 설명할 길이 없습니
다. 도시에서는 죽었다 깨어나도 경험하기 힘든 '내 고향 원시의 맛'
이지 싶기 때문입니다.

삼합회의 술

　평촌 신도시 시장골목 안에 홍어요리를 전문으로 하는 막걸리집 '흑산도'가 있습니다. 홍어요리를 말할 때 으레 대표명사로 등장하곤 하는 것이 이른바 홍탁과 삼합입니다. 홍탁(洪濁)은 홍어를 삭힌 찜에 탁주(막걸리) 한 잔을 걸치는 것이 제격이라는 데서 온 말이고, 삼합(三合)은 잘 삭힌 홍어찜에 묵은 김치, 그리고 거기에 삶은 돼지고기를 얹어 절묘한 토속별미의 궁합을 이뤄낸다는 뜻이 담겨 있습니다.

　서울 근교에서는 흔치 않은 것이 이런 홍어전문 식당임을 상기할 때 구석구석 맛난 것 찾아먹기에 일가견이 있는 우리 삼합회 사람들이 이곳 평촌 홍탁집에 모이게 된 것은 어쩌면 우연 속에서 이뤄진 필연일지 모를 일이라는 생각을 스스로 해보고 있습니다.

　홍콩 누아르 영화 속 어떤 집단을 연상시키는 삼합회(三合會)라는 이름도 그러니까 순수한 먹거리 중심인식에서 출발한 가벼운 패러디에 불과할 뿐임도 이미 눈치는 채셨을 줄 압니다.

이장호 감독, 박경목 삼성 상무, 이종구 KBS 성우, 최병용 만화가, 최선규 키다리 아나운서, 이만재 카피라이터 등이 그 구성원입니다.

면면에서 보시듯 직업이 각기 다르기 때문에 서로 이해관계가 상충될 건더기가 없습니다. 나이들이 지긋하여 산전수전 대충 겪어본 선수들이니 자기를 별나게 내세워야 할 일도 없고 누군가를 헐뜯을 일도 물론 있을 리 없습니다.

삼합의 궁합을 음미하고 홍탁의 조화를 찬미하면서 관조와 비움의 작은 행복감들을 나눠 가지면 그것으로 족한 모임입니다. 소주가 대세인 세상에 굳이 탁주를 마시는 모임이다?

거기에는 몇 가지 이유가 있습니다. 첫째는 홍어와 막걸리와의 조화 때문입니다. 모든 음식간에는 궁합이 있기 마련인데 홍어가 지닌 찬 성질과 막걸리의 더운 성질이 서로 만나면서 이루어내는 미각과 소화의 각별한 경지를 우리 선조들은 진즉에 간파했던 것입니다.

둘째는 이 집의 막걸리 맛이 예사롭지 않다는 데서 시작되었습니다. 지면에 상표를 밝힐 필요까지는 없으나 아무튼 옛날 시골 들녘의 농주를 연상시키면서 목에 척 감겨 넘어가는 그 맛을 두고 다른 술을 돌아다볼 수가 없는 것입니다.

세 번째 이유는 좀 개인적인 것입니다. 라디오방송에서 고 정주영 회장의 목소리를 단골로 내는 것으로 유명한 이종구 성우가 알코올 도수 높은 것을 마셔서는 안 되는 건강상의 이유를 지니고 있기 때문입니다. 그런 그를 도와 주종을 막걸리로 통일해주는 회원들의 마음 씀씀이가 바로 삼합회의 마음이기도 합니다.

남녘 전라도 지방에서는 경조사에 반드시 홍어를 빼놓지 않는 풍습이 있다고 합니다. 아무리 잔칫상이 호화롭다 하여도 홍어가 오르지 않으면 상 자체가 격에 어긋나는 게 된다는 것입니다.

홍어는 원래 목포쪽 먼바다 흑산도에서 잡힌 것을 최고로 쳤으나 요즈음에는 어획량이 형편없이 줄어들어 칠레에서 수입한 홍어를 쓸 수밖에 없다는 얘기를 들은 적이 있는데 다행히도 홍어는 국내산과 칠레산의 맛 차이가 별반 없다는 얘기를 일부러 귀담아 들으며 위안을 삼고 있습니다. 그런 형편에 두 것들이 가격에서부터 열 배 이상의 차이가 난다고 가정했을 때는 더 달리 선택의 여지가 없기도 한 것이 주어진 현실입니다. 원래 홍어는 회, 구이, 찜, 국거리 등으로 먹는데 그 가운데서도 홍어 특유의 식도락을 제대로 즐기려면 역시 전통 방식으로 푹 삭혀서 톡 쏘는 맛에 눈물 콧물을 훔쳐가며 먹어야 제격이라고 합니다. 삭힘홍어는 여름철에 5일 정도, 겨울에는 10일 정도 삭히는 것으로 전해집니다. 옛 선조들은 거름용 잿간의 잿더미 속에 홍어를 묻음으로써 그 열로 삭혔다고 하는데 요즘은 그늘에서 적당히 말린 홍어를 비닐로 잘 싸서 아랫목 이불 속에 묻어 놓는다는 얘기를 들었습니다.

홍어라는 생선은 단단해 뵈는 속 뼈까지도 실제로는 연해서 버릴 것이 하나도 없습니다. 널리 선호되는 찜과 회는 주로 살결이 일정하고 물렁뼈가 알맞게 배치된 날개부위를 취하게 되는데 매콤하게 삭은 하얀 속살과 오돌오돌 물렁뼈 씹히는 맛은 초보자에게도 무난하다는 평을 얻고 있습니다.

남녘에서는 이른 봄, 보리싹과 함께 홍어 간, 애 등 내장을 넣어 끓인 '홍어애 보릿국'을 또 다른 경지의 별미로 치는 것을 본 일이 있습니다. 홍어 삼합과 같은 인간미의 맛을 지향하면서 평촌의 시장골목에서 뭉치는 삼합회가 그래서 내게는 은근한 자랑이자 기쁨인 것입니다.

유머 음주법령

우연한 자리에서 내가 요즘 술 얘기를 쓰는 중이다 ― 라고 한 말을 기억했던지 카피라이터 제자 Y군이 아주 치기만만하고도 재미난 자료 하나를 보내왔습니다.

'유머 음주법(法)'이라 이름 붙여진 이 자료는 시정(市井)에 떠도는 갖가지 술 풍속도의 축쇄판이라 할 만합니다. 주로 저급한 객기와 황당한 궤변으로 그 내용이 꾸며져 있다는 것을 쉽게 알게 하면서도 술꾼들의 보편정서를 묘하게 속성화해서 비틀어낸 해학 한마당으로서의 기능을 하고 있구나 하는 생각이 들기도 하고, 또 이걸 무시했다간 나중 Y군이 책을 보면서 잠시 서운해 할지도 모를 일이고 해서 여기 옮겨 봅니다.

제1장 총칙

제1 조(제정목적) 이 법은 그릇된 음주문화로 인한 국민건강 및 환경상의 위해를 예방하고 음주문화를 적정하게 관리 보전함으로써

모든 국민이 건강하고 쾌적한 음주활동을 영위할 수 있게 함을 목
적으로 제정한다.

제2조(용어정의) 이 법에서 사용하는 용어의 정의는 다음과 같다.
• '술'이라 함은 알코올을 함유한 액체 중 경구투여, 즉 음용이 가능
  한 것을 말한다.
• '안주빨'이라 함은 음주량에 비해 안주 섭취량이 과다한 몰상식한
  자를 말한다.
• '주사', '주정'이라 함은 알코올 섭취시 및 섭취 후의 행위가 평상
  시의 행동에 비해 과격하거나 비정상적이어서 이웃에 물심양면의
  피해를 주는 행위를 말하며 주사가 극히 심한 자의 무리를 일러
  '주사파(酒邪派)'라 칭하여도 무방하다.
• '먹튀'라 함은 술값을 내지 않으려고 건전치 못한 수를 쓰거나 혹
  은 일신상의 사유로 계산 직전에 소리 없이 행방불명되는 자를
  말한다.
• '첨잔'이라 함은 술잔에 아직 술이 남아 있음에도 거기에 다시 술
  을 채워 붓는 행위를 말하며 일본문화의 잔재라고 하는 설이 유

력한바 이를 무시로 행하는 자는 그 조상이 매국노가 아니었나 의심할 만하다.

• '폭탄주'라 함은 각기 다른 종류의 술을 두 가지 이상 섞어 알코올 흡수량을 인위적으로 극한까지 끌어올린 괴팍스런 음주방식을 말한다. 일반적으로 맥주잔에 양주 뇌관을 장착하여 폭파하는 것이 상례지만 쩐이 넉넉지 않은 아그들은 맥주나 막걸리에 소주를 섞고서도 폭탄주라 우기는 경우가 있다.

• '해장'이라 함은 지난 밤 과도한 음주 후 아침에 일어나 속풀이로 뭔가를 먹는 행위를 말하는데 행위에 동원되는 음식물로는 신라면, 무파마, 콩나물국, 복어국, 북엇국, 선짓국, 배춧국, 무국, 쑥국 등을 들 수 있는데 일부 마니아들은 해장으로 해장술을 다시 먹는 경우도 적지 않다.

• '와리깡'이라 함은 탈세가 주특기인 일부 심야업소의 카드기 미설치로 인하여 인근 옷가게, 식당 등에서 카드를 긋고 술값을 변칙 지불하는 행위를 말하며 이때는 통상 10~20%의 웃돈이 얹혀진다.

- '오바이트'라 함은 바둑 대국 후 복기를 하는 이치와 같게 음주시 섭취한 스프 형태의 내용물들을 토설하여 눈으로 재확인, 타인에게 공시하는 행위를 말한다. 자동차의 엔진 과열로 인한 냉각수 끓어 넘침, 즉 오버히트에서 유래된 비교양적 표현이다.

- '역배(逆盃)'라 함은 잔에 술이 남지 않았다는 사실을 입증하기 위해 빈 잔을 제 머리에 부어 보이는 동작을 말한다. 중국에서 건너온 동작이라는 설이 유력하다.

- '방석집'이라 함은 주로 한복을 차려 입은 음주 도우미들이 영업하는 각급 요정류를 일컫는데, 이런 업소의 간판 중에 요정이라는 표기가 되어있는 경우는 전무한 것이 특징이다. 업종 구분 없이 그냥 한시(漢詩)의 제목을 연상케 하는 상호만 씌어 있거나 아니면 '한정식 모모모'라는 간판이 내걸려 있는 것이 보통이다.

- '폭주족(暴酒族)'이라 함은 시간당 소주 1병 반 이상을 지속적으로 마시거나 아니면 음주하는 날마다 2차, 3차, 4차 가기를 고집하여 이른바 뽕을 다 빼야지만 직성이 풀려 하는 평소 소심형의 만취 터프가이를 말한다.

제 2 장 음주방식

제 3 조(첫잔 음용)

- 첫잔을 받을 시에는 지위 고하 남녀노소의 구분 없이 두 손으로 공손히 받도록 한다.
- 첫잔을 받은 후에는 전완근을 사용, 45도로 손목을 꺾어 한 번에 털어 넣도록 함이 호방하다(이하 '원샷').
- 카 — 하는 입맛소리와 함께 상대에게 행복한 미소를 지은 후 술잔을 탁자에 놓고 상대의 원샷 여부를 판단하도록 한다. 상대가 원샷을 시행했을 때 역배를 실시하면 그만큼 각별한 호감을 표시하는 것이 된다.
- 첫잔을 원샷하지 않을 때는 상호인권존중법에 의거, 상대가 무시당한 것으로 간주하고 냉면사발, 또는 신고 있는 구두에 술을 가득 부어 벌주(罰酒)로 먹일 수 있다.

제 4 조(술 따르기)

- 잔은 모자라거나 넘치지 않게 따라야 하며 만약 잔이 넘쳐 피 같은 술이 흘렀을 경우, 만취로 맛이 간 것이라 판단하고 귀가 및

퇴장을 명할 수 있다.

- 통상 잔은 소주잔을 기준으로 4/5, 즉 청개구리가 잠수할 정도의 적당량을 부음으로써 원샷을 용이하게 하여 손가늠의 맛을 느낄 수 있도록 하여야 한다.

제 5 조(건배의 종류)

건배시 '위하여!'를 외치는 대신 다음과 같은 애국자 버전을 사용할 수 있다.

- '당나발!' 당신과 나라의 발전을 위하여—
- '시큰동!' 시국정세를 큰 눈으로 보며 동포애를 발휘하자—
- '시발통!' 시국의 발전과 통일조국을 위하여—
- '개나발!' 개인과 나라의 발전을 위하여—
- '조통평!' 조국의 통일과 평화를 위하여—

제 6 조(안주빨 처리)

- '안주빨'은 술은 조금만 먹고 안주를 주로 많이 먹는 얌체 같은 자로서 금쪽 같은 음주 자금을 소진하여 향후 2차 혹은 3차 원정

이라고 하는 중차대한 사명 완수에 결정적 악영향을 끼치게 되는 관계로 안주빨을 세우는 불손한 자에게는 즉시 추방이나 귀가조 치를 명한 후 다음날 인터넷에 그 신상을 공개한다.

• 다만 그 자가 미모의 여성일 경우, 신분상의 특수성을 인정하여 추방이나 귀가조치 같은 극형 대신, 뻥튀기나 새우깡 등 저렴하 고 건강에 좋은 안주를 따로 주문하여 먹도록 유도함으로써 망국 적인 안주빨 피해를 최소화함과 아울러 화기애매한 음주 현장 분 위기 조성에 일조토록 배려한다.

제 7 조(경제적 음주법)

불황기의 경제적 부담을 고려, 최소한의 비용 배정으로 최대의 효과 를 내는 합리적 선진 음주방법을 부단히 연구개발 보급하자는 데 이 법 제정의 목적이 있다.

• 공복시 독주를 신속히 음용함으로써 취기 고취까지의 시간 및 비 용을 절감할 수 있다.

• 음주 전 각종 숙취해소 음료 및 우유 등의 섭취를 엄금한다. 만약 위반시에는 즉시 그 자에게 부여된 원샷의 권리를 박탈, 내내 빨

대로만 마시도록 명한다.

- 적은 양의 알코올로 만취상태에 이르게 하기 위해서는 줄담배를 태워 일산화탄소의 흡입으로 뇌에의 산소공급을 차단함이 효과적이다.
- 안주는 되도록 섭취하지 않으며 특히 기름기나 단백질이 많은 영양식품, 신선한 야채 및 과일류는 피하도록 하여야 한다.
- 가급적 담소를 피하고 음주에만 몰두하면 단시간에 만취지경에 도달할 수 있다.
- 빈 속에 독주를 매일 마셔버릇함으로써 간의 회복을 막아 알코올 분해효소 활성화를 원천 차단하면 간 기능저하로 인해 적게 먹고도 빨리 취하는 체질을 만들 수 있다.
- 음주 이튿날 아침은 가급적 속풀이 해장용 음식을 피하거나 아예 식사를 거른다.
- 음주중 오바이트 낌새가 올 경우, 과감히 손으로 입을 틀어막고 굳세게 인내함으로써 술기운이 대뇌피질 깊숙이 파고들 수 있게 돕는다.

제 8 조(주사파의 분류)

다음 각 호의 부류를 주사파(酒邪派)로 분류한다.

- 평소엔 소심하여 공자 맹자나 읊조리다가 음주만 시행했다 하면 터미네이터로 돌변하여 폭력을 쓰거나 기물을 손괴하는 상습자.
- 평소엔 침묵을 금으로 알다가 음주만 하면 혼자 좌중의 분위기를 망치면서 막무가내 다변과 주관 일변도의 변설을 다이아몬드로 아는 자.
- 한 번 술자리에 앉았다 하면 자정이 넘고 새벽이 되어도 일어날 줄 모르고 뿌리를 뽑으려 하는 근성 깊은 상습자.
- 술에 취하기만 하면 장소를 가리지 않고 옷을 벗어 팽개치면서 알몸취침을 불사하는 취중 노출 상습자.
- 평소엔 공손하다가 술만 취하면 친구, 상사, 어른에게 막말과 욕설을 해대면서 그런 자신의 파행을 샤프한 지적 활동의 소산이라 강변하는 덜 떨어진 자.
- 평소엔 자린고비를 자처하다가 술만 취하면 제임스 본드 권총 뽑듯이 함부로 신용카드를 휘두르며 설치는 큰일 낼 위험분자.
- 술만 취하면 택시, 지하철, 도로변, 파출소 등을 자기집 침실로

착각하는 행태를 상습적으로 반복하거나 또는 친구집에서 하룻밤 신세지는 주제에 자다 말고 일어나 화장실 대신 그 집 장롱 문을 열고 용무를 거행하는 인사불성 분자.

• 술만 취하면 주변 사람을 붙들고, 붙들 사람이 없으면 술집 주인을 붙들고 까닭 없이 방성통곡하는 자.

• 평소엔 너그럽다가 술만 취하면 밴댕이 소갈머리가 되어 사소한 일로 시비를 걸어 싸움 일으키기를 반복하는 자.

• 자정 또는 새벽 1시에 좌중의 일행을 몽땅 제집으로 몰고 오거나 그 시각에 친구집엘 쳐들어가는 행위를 반복하는 분별없는 자.

제 9 조(무전취식)

다음 각 호에 해당하는 자를 빈대라 칭하고 적발시마다 가택연금 7일에 처한다.

• 술값 계산시 신발 끈을 장시간 매는 자. 심지어는 등산화를 신고 오거나 묶었던 신발 끈을 다시 푸는 경우도 있다.

• 계산시 카운터가 아닌 화장실로 보행하는 자. 이럴 경우에는 술집 주인에게 화장실 간 사람이 계산할 거라 말하고 얼른 택시를

잡아탄다.

- 마치 술을 살 것처럼 이것저것 주문 다 해서 마실 것 다 마시고 는 급한 일이 있다며 먼저 빠져나가는 자. 이런 자에게는 즉시 법원에 월급 가압류를 신청한다.
- 계산할 때만 되면 술에 곯아 쓰러져 잠든 척하는 자. 이런 자에게는 생쥐 한 마리를 준비했다가 바지춤에 넣어주면 특효를 본다.
- 계산할 때가 되었는데도 꿈쩍 않고 도인 행세를 함으로써 성질 급한 사람이 먼저 일어나 계산하게 하는 자. 이런 자에게는 "덕분에 오늘 잘 먹었습니다. 잠시 실례…." 감사 인사를 한 뒤 얼른 택시를 잡아탄다.

제 10 조(술병의 용도)

- 화병으로 쓴다.
- 종아리 문지르는 미용에 쓴다.
- 특공무술 격파시에 쓴다.
- 액션영화 찍을 때 사격연습 표적물로 쓴다.
- 폐품활용 퍼포먼스에 소품으로 쓴다.

• 모았다가 폐품수집 할아버지에게 드린다.

고로 만약 빈 술병을 재떨이로 오인, 담배꽁초를 집어넣는 자, 고속도로에서 차가 좀 많이 밀린다 하여 술병을 남성용 요강으로 오용하는 자, 또는 술병을 화염병으로 오용하는 자, 술병을 깨뜨려 위해 공갈목적 흉기로 사용하는 자는 자치단체장의 재량에 따라 술병 모독범으로 고발할 수 있다.

제 11 조(알코올 중독자의 조건)

다음 각 호 중 2개 이상의 항목에 해당하는 자를 알코올중독자, 또는 폐인으로 분류하여 치료 감호시설에 송치한다.

• 무시로 안주도 없이 깡소주를 즐겨 마시는 자. 이런 자에게 안주를 권하면 안주가 혀끝을 무디게 하여 술의 참맛을 느낄 수 없다며 거절한다. 이런 자가 향후 10년을 더 살면 손에 장을 지진다.
• 막걸리건 뭐건 술을 먹어야지만 일을 할 수 있는 자. 이런 자들의 주장은 술이야말로 모든 기력의 원천인 액체식량이라는 것이다.
• 혼자서라도 반드시 일정량의 술을 섭취해야지만 퇴근하는 자. 이런 자들의 공통점은 소주나 위스키 등 독주를 즐긴다는 것이다.

- 기억의 필름이 자주 끊기는 자. 과음으로 인해 완전히 끊기는 급성 과거단절증은 치유가 가능하나 술을 먹기만 하면 아예 기억을 해내지 못하는 경우라면 회복이 불능이다.
- 간밤의 술을 깨기 위해 아침 눈뜨자마자 해장술을 찾아 마시는 자. 이런 자가 15년 이상 생명을 유지하면 손에 장을 지진다.
- 연중 하루도 빠짐없이 술을 마셔야지만 정상적인 취침을 할 수 있다고 스스로 그렇게 믿고 시행에 철저를 기하는 자.

제 3 장 부칙

제 1 조(시행일)

이 법은 공포와 동시 자동 시행된다.

제 2 조(경과조치)

이 신성한 법조문에 명시된 논지와 논조 및 정황증거 등을 세속의 정설로 오판, 이의를 신청하거나 딴지를 걸어오는 자는 실정법상 미필적 고의에 의한 공무집행 방해 및 지능 미달 자처범(自處犯)으로 처벌될 수 있다.

풍류 속의 술

옛날 우리 조상들은 아름다운 자연경관 속에서 시를 짓고 문인화를 그리거나 가야금을 뜯으며 한 잔 술을 즐기는 여유를 일러 풍류(風流)라 이름 지어 불렀습니다. 그 가운데서도 특히 빼놓을 수 없는 것이 바로 술이었습니다. 그 배경에는 유(儒) 불(佛) 선(禪)의 강박이 주는 경직성을 술로써 유연하게 하려는 목적이 있었지 않나 추측이 되는데 그래서 술에는 자유와 여유와 인본(人本)이 녹아 있는 것이라고 주장하는 선비들도 생겨나게 되었을 터입니다.

술이라고 하는 것이 잘못 마셔 버릇하면 패가망신의 매개물이라는 사실은 예나 지금이나 변함이 없을 것임에도 오랜 세월 풍류의 대명사적 물질로 관념지어진 바로 그 점 때문에 오늘날까지도 술은 민중들의 의식 속에서 대단히 너그러운 긍정적 평판의 대상으로 자리매김 되어오지 않았나 그렇게 여겨지는 것입니다.

우리 조상들은 술을 즐기는 가운데서도 그것의 폐해가 주는 한계를 극복하고자 스스로 일정한 기품을 유지해야 한다는 믿음을 만들어 갖고 있었는데 그런 정신이 바로 풍류정신의 바탕이 되어왔으리라는 짐작을 해봅니다. 조선 중기의 문인 윤선도의 시조 중에도 보면 아래와 같은 술 얘기가 나옵니다.

술을 먹으려니와 덕 없으면 문란하고
춤도 추려니와 예 없으면 난잡하니
아마도 덕예를 지키면 만수무강하리라.

말할 것도 없이 술과 관련한 풍류의 대가로는 중국 당나라 적 음유시인인 이태백을 꼽을 수 있습니다.

꽃 사이 한 병 술, 친구 없이 혼자 든다.
술잔 들어 달님을 청하니 그림자까지 셋이 되었네.
달님은 술을 마실 줄 모른즉 그림자만 흉내를 내는구나.
(이하 생략)

또 조선 영조 때 문인 김수장이 편찬한 시조집에는 아래와 같은 시가 등장합니다.

술 있으면 벗이 없고 벗이 오면 술이 없더니
오늘은 무슨 날로 술이 익자 벗이 왔네.
두어라 이난 병이니 종일 취를 하리라.

아래의 시조는 조선조의 '상춘곡'에 나오는 한 대목입니다.

옥같이 고운님과 눈같이 밝은 달에
금잔에 술이 있고 무릎 위에 거문고라
평생에 풍류주인이 되어 백년안락 하리라.

또 조선조의 시조문학에서 윤선도와 쌍벽을 이루는 정철은 권주
가에서 이렇게 호연지기의 풍류를 과시하고 있습니다.

한잔 먹세 그려.
또 한잔 먹세 그려.
꽃 꺾어 산(算) 놓고
무진무진 먹세 그려.

술을 인간사의 미덕으로 긍정하는 풍류는 비단 우리나라에만 있어온 것이 아니었나 봅니다. 영국의 유명한 속담 하나가 떠오르기 때문입니다.

땅을 사는 사람은 많은 돌멩이를 함께 산다.
고기를 사는 사람은 많은 뼈다귀를 함께 산다.
계란을 사는 사람은 많은 껍질을 함께 산다.
그러나 술을 사는 사람은 많은 친구를 얻는다.

속담 속의 술

보통사람들의 일상 속에서 술은 무엇인가 — 를 쉽게 이해하려면 아무래도 실제적이고 임상적인 접근이 필요합니다. 술로 인해 삶 속에서 빚어진 민초들의 정서가 세월의 발효를 거쳐 희화화된 '속담(俗談)'을 훑어보는 일이 바로 그것입니다.

가을비는 떡비요, 겨울비는 술비다.

수확철인 가을에 비가 오면 집에서 떡을 해먹을 수 있는 데 비해, 겨울철에 비가 오면 하릴없이 방구석에서 술이나 마시게 된다는 뜻.

겉은 눈으로 보고 속은 술로 본다.

사람의 됨됨이를 보는 데 있어 겉모양은 눈으로 알 수 있지만, 속마음은 술을 함께 마셔봐야 알게 된다는 뜻.

자작하면 친일파 된다.

술자리에서 자기가 스스로 따라 먹는 것을 자작(自酌)이라고 하는
데, 이는 왜정 때 일제가 친일파한테 주던 작위가 자작(子爵)이었으
므로 그 발음이 같은데서 기인한 우스갯소리.

잔은 차야 맛이고 임은 품어야 맛이다.

술잔은 가득 채워야 술 먹는 기분이 나고, 사랑하는 사람은 품에 안
아야 제격이라는 뜻.

언제는 이태백이 맞돈 내고 술 먹었다던?

하루 3백 잔의 술을 마셨다는 이태백이가 술을 먹을 적마다 현금을
내고 먹었겠느냐는 추정을 빗대어 외상술을 요구할 때 쓰는 말.

영웅은 색을 좋아하고 호걸은 술을 좋아한다.

영웅호색(英雄好色), 호걸호작(豪傑好酌)이라는 남성적 일탈을 합
리화한 일종의 궤변적 고사성어.

오뉴월 감주 맛 변하듯 한다.
변덕이 심한 사람을 빗대어 쓰는 힐난의 말.

박주(薄酒) 한 잔이 차(茶) 석 잔보다 낫다.
손님을 대접할 때 차보다는 변변치 않더라도 술 한잔을 대접하는
편이 정겹다는 뜻.

술은 들어가고 망신은 나온다.
술은 몸 속으로 들어가는 것이지만 그것이 과하면 망신살이 몸밖으
로 삐져나온다는 뜻.

술은 맏물에 취하고 사람은 훗물에 취한다.
술은 먹자마자 취하는 것이지만, 사람은 오래 겪어봐야 그 진국을
알게 된다는 뜻.

생전(生前) 한 잔 술이 사후(死後) 석 잔 술보다 낫다.
죽은 후에 애도하려 하지 말고 살아있는 동안 잘 대우하라는 뜻.

생색은 나그네가 내고 술은 주인이 낸다.
주인이 내는 술인데도 생색은 구경꾼이 내는 경우가 있듯이 주객이
전도됨을 한탄할 때 쓰는 말.

반 잔 술에 눈물나고 한 잔 술에 웃음 난다.
술을 반 잔만 주는 것은 박대하는 것이므로 섭섭하게 되고, 한 잔
가득 부어주는 것은 후대하는 것이므로 인심을 얻게 된다는 뜻.

변학도 잔치에 이도령 술상이다.
춘향전에 나오는 대목처럼 흥청거려 보이는 잔칫집에서 초라한 밥
상을 줄 때 섭섭해서 하는 말.

당나귀 새끼처럼 술 때는 잘 알고 온다.
술맛을 본 당나귀가 술 냄새만 맡으면 기웃거리며 다가오듯이, 술
좋아하는 사람이 술자리를 용케도 잘 알고 찾아온다는 뜻.

체장수 오자 술 익는다.
술은 익었는데 술을 거를 체가 없어 아쉽던 차에 마침 체장수가 찾
아와 반갑듯이, 무슨 일이 잘 풀릴 때 기분 좋아 하는 말.

초상 술로 친구 사귄다.
남의 초상집에 가서 공짜 술로 생색내는 얌체를 비꼬는 말.

초상술에 권주가(勸酒歌) 부른다.
초상집에서 술 얻어먹는 주제에 권주가까지 불러댐으로써 애도의
분위기를 깨듯이 눈치 없는 사람을 힐난하는 말.

명구(名句) 속의 술

"아, 내 눈에 보이는 술의 정(精)이여, 네게 만일 적당한 이름이 없
다면 나는 너를 악마라 부를 것이다."
-셰익스피어

"전쟁, 흉년, 전염병, 이 셋을 다 합해도 술이 인간에게 끼치는 손해
보다는 적을 것이다."
-글래드스턴

"술과 인간은 끊임없이 싸우고 끊임없이 화해하는 사이좋은 투사(鬪
士)와 같다. 진 쪽이 항상 이긴 쪽을 포옹한다는 특징과 함께."
-보들레르

"술은 입을 경쾌하게 한다. 술은 속마음을 털어놓게 함으로써 솔직
한 마음을 운반하는 도덕적 물질로 기능하는 경우가 많다."   -칸트

"나는 내 두뇌를 좋은 면에 쓰고 살았다. 어느 경우에도 내 힘을 감

퇴시키거나 마비시키거나 하는 술 같은 물질에 두뇌를 빼앗기지 않
으려 노력하며 살았다.”
-에디슨

“한 병영 막사에 이런 표어가 붙었다. ‘알코올은 인간의 불을 끄
고 동물에 불을 붙인다.’ 이것이 바로 인간이 알코올을 탐하는 이
유이다.”
-카뮈

“인간은 생애에 두 번 어린아이가 된다. 어릴 때 한 번, 그리고 술취
해서 한 번.”
-플라톤

“술은 범죄의 아비요, 추함의 어미다.”
-잉거솔

“술을 물인 양 폭음하는 자는 술의 가치를 모독하는 자이다.”
-보덴슈테트

“하나님은 물을 만드셨고, 인간은 그 물로 술을 만들었다.”
-빅토르 위고

"술이 약주(藥酒)라고? 술은 만병의 근원이다." -吉田兼好

"흙탕물에서 여성은 남성을, 남성은 여성을 낚는다. 저들이 사용하는 미끼를 우리는 술이라 부른다." -로던스타인

"인간들은 서로의 건강을 위해 축배를 들면서 그 축배로 인해 각자의 건강을 망친다." -제롬

"너무 많이 마시기는 쉬우나 알맞게 마시기는 불가능한 것, 그것이 바로 술이다." -레싱

"바보의 혀와 악인의 가슴을 기르는 데는 술이 최고다." -풀러

"적당히 마시지 못하는 사람은 비밀을 유지하지 못할 사람, 그리고 약속을 지키지 못할 사람이다." -세르반테스

세시풍습의 술

예부터 우리 조상들은 계절과 더불어 한 해 열두 달(음력)을 기준, 때마다 필요한 생산적 의미를 부여하며 나름의 풍속문화를 일궈 왔습니다. 재미난 것은 그때마다 술이라는 물질이 중요한 역할을 맞고 있었다는 사실입니다.

1월   해마다 정월이 되면 정조다례(正朝茶禮)라 하여 설날 아침에 세찬과 세주(歲酒)를 사당에 진설하는 풍습이 있었습니다. 정조다례와 함께 빼놓을 수 없는 것은 세배(歲拜)입니다. 세배를 주고받으며 주식(酒食)을 대접했습니다. 또 정월 대보름 아침에는 이명주(耳明酒)라 하여 귀밝이술을 나눠 마셨는데 그런 가운데서 이명주를 뜨겁게 하지 않고 차게 해서 마시면 일년 내내 좋은 소식이 온다 하여 부녀자들도 거리낌없이 술을 마시는 날로 쳤습니다.

2월   2월의 행사로는 노비일(奴婢日), 즉 머슴을 위한 날이라 하여

2월 초하루를 정해 머슴들이 마음껏 놀게 했습니다. 집주인은 머슴들에게 술과 고기를 푸짐하게 내어 잘 먹고 잘 노는 대신 올 한 해 열심히 농사일에 매진해 줄 것을 은연중에 당부하였습니다.

3월 삼월삼진날은 시식(時食)이라 하여 집집마다 술을 빚어 마셨습니다. 이때 술의 원료로 곡식뿐만이 아니라 초근목피를 써서 특이한 술을 만드는 이들이 많았습니다. 또 청명일을 맞아서는 청명주(淸明酒)라 하여 두견주, 도화주, 과하주, 이강주 등을 빚어 마셨습니다.

4월 4월의 행사로는 월내시식(月內時食)이라 하여 엿기름으로 초여름의 술을 방울처럼 발효시켜 마시곤 하였다는 기록이 있습니다.

5월 5월은 농사철이어서 농주(農酒)가 농부들의 홍을 돋우었습니다. 서로 번갈아 이웃 농사일을 돕는 품앗이를 위해서도 농주는 필수였습니다. 또 음력 5월 5일은 단오절로서 창포주를 담가 먹었습니다.

6월　6월 15일은 선비들이 주효(酒肴)를 장만하여 물 맑은 계곡이나 수정(水亭)을 찾아 풍월을 읊으며 하루를 즐겼는데 이것을 유두연(流頭宴)이라 하였습니다.

7월　7월엔 15일을 일러 초연(草宴), 또는 머슴날이라 불렀습니다. 이날은 산과 계곡의 좋은 장소에 마을사람들이 모여서 먹고 마시면서 그해 곡식이 가장 잘된 집의 머슴을 뽑아 일 잘했다고 칭찬하면서 술을 권하였습니다. 뽑힌 머슴이 머리에 삿갓을 쓰고 소잔등에 올라 동네를 한 바퀴 돌라치면 머슴의 주인은 즐거워하면서 동네 사람들에게 술을 한 잔씩 냈습니다.

8월　8월의 대표는 말할 것도 없이 15일의 추석입니다. 이날을 위해 사람들은 누룩으로 동동주를 담가 조상의 묘를 찾았습니다.

9월　9월 9일을 중양절(重陽節), 즉 국화놀이 날이라 하여 경치 좋은 인근 산야를 찾아 국화전 같은 시식(時食)을 먹고 술에 취했습니다.

10월   10월 15일을 전후하여 5대조까지의 제사를 한꺼번에 지내는 시제(時祭)를 치렀습니다. 산지기나 후손 중 하나가 술, 떡, 밥, 찬을 준비하여 대가족 집단이 단체로 제를 지냈다고 합니다.

11월   11월의 동짓날에는 동지 팥죽을 쑤어 나눠 먹었으며 월내시식(月內時食)이라 하여 지방 고유의 겨울음식에 술을 곁들여 먹었습니다.

12월   동짓날로부터 세 번째 되는 미일(未日)을 골라 중요 사직에 대제를 올리기도 하고 제석(除夕), 즉 섣달 그믐날에는 여기저기 맛난 술을 조금씩 홀짝거리며 흥이 나서 이튿날 정초에 쓸 여러 가지 음식을 준비하였다고 합니다.

역사 속의 술

이 세상에 술이라는 게 생겨난 것은 언제부터였을까? 그에 대한 답변을 똑 부러지게 해낼 수 있는 사람은 아마 없을 줄 압니다. 그냥 막연하게 까마득한 옛날 옛적 원시림 우거진 숲 속에서 자연발생적으로, 즉 뭔가 달짝지근한 맛을 가진 열매가 무르익어서 땅으로 떨어지고 그것이 발효되면서 술이라는 물질이 만들어졌지 않았나, 그리고 그 고인 액체를 당시의 호기심 많은 인간들이 맛보면서부터 술의 존재 내지는 효능이 널리 전파되지 않았을까 그렇게 추정해 볼 따름인 것입니다. 게다가 인류는 안정적인 식생활 영위를 위해 곡식이나 열매를 어딘가에 저장할 필요성을 느꼈을 것이고 그 저장된 공간 환경에서 또 다른 형태의 발효현상이 일어나 점차로 술이라는 물질에 대한 인식이 인간들한테 친숙해지기 시작하지 않았을까 추측해 보는 것입니다.

그런 가운데서 산과 들의 열매 중 가장 쉽게 술을 만들 수 있는 열매가 어쩌면 포도라는 사실도 간파하게 되었을 터입니다. 성경에도 등장하는 술이 포도주이고 보면 포도주야말로 지구상에서 가장 오랜 역사를 지닌 술이 아닐까 싶기도 합니다. 실제로 이집트 피라미드의 부장품 중에 술항아리가 출토되고 있는 점이라든가 왕족 묘지의 벽화에 포도주 만드는 모습이 그려져 있는 점이라든가를 종합해 볼 때 술의 원조가 포도주라는 설은 썩 믿음이 가는 면이 있습니다.

또 하나의 다른 설에 의하면 포도주보다 봉밀주(蜂蜜酒), 즉 벌꿀술이 더 먼저였을 것이라는 주장도 있습니다. 자연적으로 생긴 벌통 속에서 꿀이 발효되는 경우를 상정한 설입니다.

아무튼 포도주나 봉밀주 다음으로 꼽을 수 있는 술이라면 아마 곡주(穀酒)일 것입니다. 우리로 치면 막걸리 종류일 테고 서양으로 치면 보리술(麥酒) 정도이겠지요.

유구한 역사를 자랑하는 우리나라의 고대 족적에도 술이 등장함은 물론입니다. 역시나 첫 번째로는 열매를 발효시킨 과실주였을 것이고, 두 번째로는 유목민들간에 성행했을 시금털털할 유주(乳酒)였을 것이며, 그 다음이 곡주의 순서였을 것입니다.

부락, 또는 부족단위의 군집행사(群集行事)에서는 반드시 술과 밥이 등장하였고, 산제(山祭), 기제(忌祭) 등 각종 고사와 명절제사에서 술을 음복(飮福)하였다는 기록이 있는데 이는 신인공음(神人共飮)의 뜻을 지녔다고 전해지고 있습니다. 삼국시대에 이르러 술의 문화는 더욱 발전했을 터인데 실제로 동해석사(東海釋史)에 등장하는 당대의 시인 옥계생(玉溪生)은 '한 잔 신라주(新羅酒)의 기운이 새벽바람에 쉽게 사라질까 아쉽구나' 운운하는 시를 남기기도 하였습니다.

이웃 섬나라 일본의 옛 역사 고사기(古史記)에는 저들의 웅신천황(주후 270~312년) 때 백제로부터 술 빚는 기술을 배웠다는 기록이 있다고 합니다. 좀 더 구체적으로는 술 빚는 선생이 보리(保利)라고 하는 승려였는데 그가 가르친 기술이라는 게 바로 누룩을 써서 술을 만드는 매우 과학적인 방식이 아니었나 짐작된다는 것입니다.

고려 때에는 이웃 송나라, 원나라와의 빈번한 교류로 인해 보다 발전된 양조기술이 채택되었을 것이며 특히는 당시의 사찰들이 오늘날로 치면 숙박업소 기능을 겸하였기 때문에 사찰 자체에서 술을 빚었을 것이라는 추정을 가능케 하고 있습니다.

조선조에 이르러서는 술의 문화가 더욱 발달되었는데 그것은 집집마다에서 자유로이 술을 빚을 수 있었기 때문인데 특히는 각 지방마다에서 비전(秘傳)되어 온 독특한 명주(銘酒)들이 이름을 날리며 정착하는 시기로 기록됩니다. 서울의 약산춘, 호서 여산의 호산춘, 충청도의 노산춘, 김천의 청명주, 전라도의 이강주, 평안도의 벽향주 등이 그 예입니다.

이렇듯 인류의 역사만큼이나 긴 역사를 가진 술이기에 그 실체 자체가 우리 인간의 생활 속에 얼마나 깊숙이 파고들어와 있나 하는 것은 술의 존재가치 인정하기를 꺼려하는 기독교적 시각으로도 그냥 간단히 부인만 하기는 어렵겠다는 생각을 해보지만, 그러나 술에 대한 해석은 여러 시각일 수 있는 것 또한 사실입니다. 임어당(林語堂) 선생은 〈생활의 발견〉에서 이렇게 말했습니다.

"애주가들은 사람의 기분을 제일 중요한 것으로 간주하여 얼큰히 취할 줄 아는 사람을 사람다운 술꾼으로 본다. 그러나 현(絃)이 없는 악기를 뜯으며 홀로 즐길 줄 알던 도연명(陶淵明)처럼 비록 술은 마시지 못하더라도 그것의 정서를 이해할 줄 알면 되는 것 아닌가."

체질과 술

체질에 따라 술을 먹을 수도 있고 먹지 못할 수도 있는가? 그 물음에 대한 대답은 "Yes"입니다. 술의 주성분은 알코올인데 술을 마신 후에 나타나는 인체의 변화 자체가 곧 알코올의 약리적 반응이기 때문입니다. 전문가들에 의하면 알코올은 중추신경계에 직접 작용하는 것으로 알려져 있습니다. 그래서 술을 마신 사람은 기분이 좋아지기도 하고, 말이 많아지거나 신세타령을 늘어놓기도 하고, 행동이 거칠어지기도 합니다. 이 밖에도 알코올은 우리 인체의 기능 가운데서 후각이나 미각, 통각(痛覺), 냉각(冷覺) 따위를 부분적으로 마비시키기도 하고, 균형감각을 잃게 하기도 합니다.

특히 알코올의 1차 대사산물인 아세트알데히드의 약리작용은 매우 강해서 알코올 그 자체의 수백 배에 이르는 것으로 알려져 있습니다.

그 첫 번째가 바로 말초혈관의 확장현상입니다. 술을 마시자마자 이내 얼굴이 붉어지는 게 바로 이 말초혈관의 확장 때문이라고 합니다. 말초혈관이 확장되면 자연히 혈압에 이상이 생기고(혈압강하), 내장계의 혈류도 부정적인 영향을 받는다고 하지요.

체질에 따라 술 마실 때 얼굴이 창백해지는 경우 역시 말초의 혈류가 정상상태가 아니라는 뜻이니 이 역시도 바람직한 상황은 아닌 것입니다. 알코올은 작은 분자이기 때문에 우리가 술을 마시면 위(胃)에서 약 20%, 그리고 장(腸)에서 약 80%가 흡수된 다음 정맥을 거쳐 간(肝)으로 보내진다고 합니다. 간에 도착한 알코올은 대부분이 그곳에서 분해 대사되고 나머지는 소변, 땀, 그리고 호흡시마다 술 냄새가 되어 입으로 배출됩니다. 알코올을 분해하는 간은 자체 회복력이 강한 장기로 알려져 있습니다. 그러나 매일 술을 퍼붓게 되면 간도 견디질 못하고 간경화증이라고 하는 무서운 탈에 이를 수 있다고 합니다.

술을 많이 마시면 정신이 몽롱해지는데 이는 알코올 속에 마취성분이 있기 때문입니다. 체내 알코올 농도의 최고치는 음주 후 30분 내지 1시간이 경과한 때에 나타납니다. 물론 취기의 정도에는 개인차가 큽니다. 알코올에 익숙한 사람이 있고, 익숙지 못한 사람이 있으며, 마시는 양과 마시는 술의 종류, 마시는 사람의 몸무게, 마시는 사람의 건강상태, 그리고 얼마나 긴 시간(또는 짧은 시간)에 걸쳐 마셨느냐와 어떤 기분상태에서 마셨느냐에 따라 혈중 알코올 농도는 각기 다르게 나타날 것입니다. 어른들로부터 "작은 소주잔이라도 반드시 세 번에 걸쳐서 나눠 비워야 한다. 그래야 취중 실수를 하지 않는다"는 얘기를 들은 적이 있습니다. 어느 경우를 막론하고 이른바 '원샷'이라고 하는 것이 심신에 매우 해롭다는 것을 옛날 분들은 이미 알고 계셨던 것입니다.

술은 심장에도 좋을 리가 없습니다. 술을 많이 마시면 혈중 알코올의 영향으로 심근(心筋) 수축력이 저하하여 자연히 맥박이 빨라짐을 스스로 느낄 수 있습니다. 폭음을 일삼는 이들에게 고혈압이나 동맥경화증세가 흔히 나타나는 것도 우연만은 아닐 것입니다.

적당량의 알코올, 가령 가벼운 포도주 한 잔을 식사 때 곁들인다든가 하는 경우에는 술이 위 점막을 자극하여 위액의 분비를 촉진함으로써 식욕을 증진시킨다고 합니다. 그러나 과음하게 되면 오히려 위 점막에 상처를 주어 위장병 환자가 되기 쉽습니다.

대표적인 성인병으로 알려진 당뇨나 비만을 예방하기 위해서도 역시 술은 절제함이 타당하지요. 그래서 모자람이 넘침보다 낫다

─ 는 말이 바로 술 마시는 사람을 위해 만들어진 경구가 아닐까 여겨지기도 하는 것입니다. 그러나 뭐니뭐니해도 우리가 술과 체질을 따질 때 알아둬야 할 상식 하나가 있습니다. 애초 태어날 때부터 술을 한 방울도 못 마시는 체질로 타고난 사람이 분명히 있다는 애기입니다. 희한하게도 우리 황인종 몽골리안에게만 그런 체질이 있다고 합니다.

술을 마셨을 때, 알코올을 효소로 분해하는 유전인자를 아예 갖고 태어나지 못한 사람의 비율이 100명 가운데 무려 28명! 자그마치 열 명 중 세 명이라는 얘기입니다. 그런 사람이 어쩌다 호기나 객기의 유혹에 빠져 남한테 지지 않겠다고 덮어놓고 술을 마셔버릇했다가는 체질적으로 그렇지 않은 사람에 비해 건강상의 피해가 훨씬 클 것임은 불을 보듯 뻔한 일이지요. 학교 동아리 모임이나 신입생 환영 술판에서 급작스런 사망사고가 자주 나는 데는 그럴 만한 이유가 있는 것입니다. 술 잘 먹는 게 자랑이던 무책임한 낭만의 시대는 이제 더 이상 아니라는 생각입니다.

상식 속의 술

간밤의 숙취는 아침에 일어나 해장술로 푼다?

천부당만부당한 말씀입니다. 그렇지 않아도 과음으로 인해 잔뜩 상처를 받아있는 위장과 간장인데 거기에 또 다시 술을 붓게 되면 그로 인한 피해는 몇 곱절로 커질 수밖에 없습니다. 상처 난 곳에 다시 폭력을 행하는 것과 같으니까요. 그럼에도 해장술의 속풀이 효험론이 회자된 것은 술로 인해 뇌의 중추신경이 일시적으로 마비상태에 빠져 숙취, 속 쓰림 등으로 인한 통증을 잠시 잊게 된 데서 비롯되지 않았나 싶은데 실제에 있어서는 그 반대의 피해를 볼 수 있으니 절대로 '이열치열 해장술' 운운하는 헛소리에는 귀를 기울일 이유가 없습니다.

여자는 남자보다 술이 약하다?

맞는 얘기입니다. 여자의 몸에는 남자에 비해 알코올을 분해하는 효소가 절반밖에 없기 때문이라고 하지요. 그래서 여자는 남자보다

곱이나 빨리 알코올 중독에 빠진다고 합니다. 요즘 보면 젊은이들의 대학가에서부터 여성 음주가 유행병처럼 번지는 세상인데요. 심지어는 이미 알코올에 중독되어 매일 밤마다 상습적으로 술을 마셔야 되는 여성 중독증자들이 늘어간다는 기사도 본 적이 있습니다. 여성이 술을 지속적으로 마시면 그래서 남성에 비해 간경화, 간경변과 같은 간 질환 발병률도 높을 수밖에 없다고 합니다.

취하는 속도가 빨라지면 병원에 가라?

맞는 얘기입니다. 술꾼의 나이 마흔 정도가 되면 어느 날 갑자기 '조금밖에 안 마셨는데 술에 빨리 취하는' 현상을 깨닫고 고개를 갸웃거리게 됩니다. 혹 근간의 속상한 일로 과중한 스트레스가 원인일 경우도 있겠으나 대개는 간장에 문제가 있다는 신호로 알고 냉큼 병원에 달려가서 정밀검사를 받아야 한다고 전문가들은 권합니다.

술은 어머니가 따라도 여자가 따라야 한다?

한가롭던 옛날식 봉건주도(封建酒道)의 잔재가 아닐까 싶습니다. 남자는 헛기침하면서 거드름을 피우고 앉아있는데 여자는 갖은 아양을 떨어가며 옥주전자 받쳐들고 조심스레 술잔이나 채우며 눈치 보는 존재여야 하는가. 그런 정신 나간 상식은 이제 농담으로라도 더 이상 옮겨서는 안 되겠습니다. 자작(自酌)이 다소 처량해 보인다면 친구끼리의 조촐한 대작 분위기도 얼마든지 '술자리'로 인정받는 세상이 되었기 때문입니다.

사람이 술을 먹을 때 술자리를 끝내라?

맞는 말입니다. 원래 술이라는 게 1차에서는 '사람이 술을 먹고', 2차에서는 '술이 사람을 먹고', 그리고 3차까지 간다면 그때는 사람은 간 데 없고 '술이 저희들끼리 술을 먹는' 인사불성의 정황이 되기 때문입니다. 돌이킬 수 없는 치명적인 실수, 만회하기 힘든 심신의 피해를 입을 공산이 크다는 뜻입니다.

공복에 마시는 술이 더 맛있다?

권하고 싶지 않은 조항입니다. 공복에 술을 마시면 아무래도 취기가 빨리 올라서 일시적으로 기분은 고양될 수 있을지 모르나 위장과 간장에 직접 가해지는 피해는 훨씬 클 수밖에 없기 때문입니다.

호주(豪酒)의 고수(高手)는 깡술을 마신다?

동의할 수 없습니다. 안주 없이 깡술을 선호하는 술꾼을 나는 몇 알고 있습니다. 저들의 공통점 두 가지, 우선 알코올 중독자라는 점, 그리고 하나 같이 현재 이 세상에 살고 있지 않다는 점입니다. 술에는 반드시 안주가 필수입니다. 우리보다 알코올 소비가 적은 서양 사람들 가운데 알코올 중독자가 많은 것은 저들이 안주 없이 술 먹는 음주문화를 가졌기 때문이라고 저는 봅니다.

토(吐)하면 술이 빨리 깬다?

맞는 얘기입니다. 술이 과하여 속이 부대낀다 싶으면 얼른 화장실로 달려가 토하는 것이 상수입니다. 토한 다음 잘 익은 홍시나 위장약을 먹는 것도 좋고, 따뜻한 차를 마시거나 따뜻한 꿀물을 마시는 것도 좋습니다. 술의 강자(强者)로 보이기 위해 억지로 참는 허세는 말 그대로 바보짓일 뿐입니다.

허세(虛勢)의 술

한국 영화계에 전설처럼 내려오는 '헛폼열전'이 간간이 회자되곤 합니다. 이미 고인이 되었거나 우리 곁에서 멀어진 Z감독과 Q감독, 또는 X감독에 대한 얘깁니다. 이들의 공통점은 스태프들과 술집에 가서 술을 먹을 때, 특히 그 집이 도우미가 있는 번드르르한 고급 술집일 경우, 술값을 치를 때 절대로 계산서를 보거나 지불할 지폐의 금액을 헤아리지 않는다는 것입니다. 제임스 본드가 품속에서 권총 뽑듯이 그저 집히는 대로 지폐다발을 척 꺼내어 카운터에 던져 놓으면 그것으로 그 술집에 온 보람을 다 한다는 것입니다.

호기(豪氣) 아니면 죽음을 달라 — 의 인생이 아니었을까 싶은데, 글쎄요. 그렇게 한 시절을 호방하게 풍미한 사나이들이 그 말년을 어떤 모양으로 힘겹게 살다 갔던가 하는 것은 굳이 밝혀 언급할 필요가 없겠지요.

그보다 한 술, 아니 몇 술 더 뜬 사람을 또 하나 알고 있습니다. 1970년대 후반으로 기억되는 어느 여름날 밤의 동부이촌동 한강변

의 한 카페, 얼음에 띄운 맑은 술을 홀짝거리며 친구인 L감독과 함
께 앉아 있었습니다. 그때 웬 남자 하나가 우리 자리로 걸어와 앞에
털썩 앉습니다. 익히 아는 사이인 듯 L감독이 그 남자 K라는 사람
과 나를 인사시킵니다. 그런 다음에 벌어진 대화 내용.

L감독 : K형 오랜만이우! 그동안 어떻게 지냈수?

K 형 : 야, 말 마. 나야 뭐, 알거지 다 됐지 뭐!

L감독 : 알거지? 그래도 부자 망하면 3년 간다는데 뭔가 남은
        거라도 있을 거 아니우?

K 형 : 정말 없대두…. 다 퍼마시고 현재 스코어 알거지야.

L감독 : 에이, 그래두 난 안 믿어. 뭐가 남아도 남았겠지!

K 형 : 정말이라니까…. 깡그리 다 말아먹고 지금은… 내 앞으
        로, 남아있는 게 고작, ○○병원 하나밖에 안 남았다니
        까 그래….

○○병원은 당시 서울에서 알아주는 종합병원이었습니다.
종합병원의 실질적인 오너가 자칭 알거지라니 기가 찰 노릇이었

습니다. 얼마간 노닥거리다가 그가 자리를 뜨자 L감독이 그 사람에
대한 얘기를 들려주었습니다. 어마어마한 갑부의 아들로 술 마시는
일 말고는 평생 동안 직업을 가져본 일이 없는 남자.

술을 마시되 술값을 치를 때 단 한 번도 계산서에 눈길을 주거
나 지폐를 헤아려서 계산해본 일이 없는 남자. 오로지 그걸로 장안
의 호사가들 사이에서 이름의 위용을 떨쳐마지 않았던 한량.

세월이 많이 흐른 후, 우연한 기회에 그 유명한 한량의 소식을
들었습니다. 그 말년, 어떻게 되었을까요? 하나님께서 그런 사람에
게 과연 어떤 운명의 상급을 내리셨을까요? 이 글을 읽는 이의 상상
에 맡기겠습니다.

저 옛날의 젊을 적 군대시절, 힘자랑을 좋아하던 자칭 꼴통(말썽
쟁이)이 내무반에 있었습니다. 군인들의 비속어로서 깡생깡사는 기
본, 막무가내, 의리, 터프… 등의 단어 외에 '사람이 한 번 죽지 두
번 죽냐'가 생의 좌우명이던 막가파식 건달이었습니다. 일 년 열두
달 성병이 낫질 않아 늘 생식기에 붕댄지 뭔지를 감고 의무실 출입
을 PX 출입하듯 하던 녀석이었는데 그러면서도 의무병이 절대로 마
셔서는 안 된다고 신신당부하는 술을, 그것도 깡소주 병을 저녁마다

나팔처럼 입에 달고 다니던 자였는데 그것도 모자라 자신의 독한 주량을 과시라도 하려는 듯이 야전 탄띠에 매달린 수통 속에는 알코올 도수 45도짜리 고량주를 가득 채워 넣고 다니던 그야말로 못 말릴 인간이었습니다.

그 인간이 하루는 새벽녘 철조망 후문 보초를 같이 서면서 무심코 고백하는 뜻밖의 말을 듣고 나는 정말로 내 귀를 의심해야 했습니다. 사실 자기는 술을 그리 잘 마시지 못한다는 거였습니다. 그렇다면 웬 술을 그토록 퍼마시냐고 힐난했더니 대답이 걸작이었습니다.

"싸나이가 쐬주 좀 빨 줄 알아야 폼나는 거 아냐?"

그러면서 덧붙였습니다.

"야, 비밀로 해줘…. 꼭이야!"

술의 어떤 부분이, 알코올의 어떤 요소가 남자들의 뜬구름 같은 허영의 과시욕을 자극한다는 것인지 저는 사실 이날까지도 잘 알지 못합니다. 그저 한 가지 혼자서 짚이는 게 있을 뿐입니다. 세르반테스가 위대한 것은 그가 《돈키호테》라는 소설을 발표해서가 아니라 인간의 심성 가운데서 돈키호테성을 발견해낸 공로 때문이다 — 라고 한 비평가의 우스갯소리가 떠올랐다는 얘기입니다.

주당열전(酒黨列傳)

　　1970년대였던지 80년대였던지 한 잡지사가 '한국의 주당 10걸'을 뽑는다 하여 문화 각계 인사들을 대상으로 앙케트 조사를 한 적이 있습니다. 그 기억이 나서 자료를 뒤져본즉 아닌 게 아니라 기록이 살아 있습니다. 내용을 대충 훑어보니 주당(酒黨) 선정기준이 썩 재미가 납니다. 이런 글 읽을 때는 눈에 힘을 빼고 읽는 게 요령이죠.

　　자, 그 뽑는 기준이라는 게 이렇습니다. ① 주량, ② 음주 스타일, ③ 스케일, ④ 지구력('평생을 즐기는' 끈기), ⑤ 사람을 '감화'시켜 세계의 주당 인구를 늘린 '기여도' 등을 놓고 평가하였다고 하니 "허 참 한량이 따로 없군!" 하는 헛웃음이 절로 납니다만, 그러나 여기에 뽑힌 이들의 면면이 만만치 않아 나름의 재미거리가 되고 있습니다.

1위: 황진이(조선 중종 때의 유명한 기생)

고금을 통틀어 각계 인사들이 추천한 주선(酒仙)은 모두 140명. 두주불사의 주량과 풍류가 특출한 당대의 호걸들을 망라한 것인데 그 가운데 우리나라 최고의 술꾼으로 뜻밖에도 남정네가 아닌 황진이 여인이 지목되었습니다. 서화담, 박연폭포와 더불어 송도삼절(松都三絶)로 불리던 그녀는 '동짓달 기나긴 밤', '산은 옛산이로되', '명월이 만공산하니 쉬어간들 어떠리' 등의 시조에서 볼 수 있듯이 뛰어난 시서음률과 술로써 당대의 선비와 석유(碩儒)들을 매혹시켰다는 점이 그 방면의 높은 점수를 받은 듯합니다.

2위: 수주 변영로(시인 1898~1961)

술과 이상(理想)은 그에게 있어 별개의 단어가 아니었습니다. 전해지는 얘기에 의하면 그는 이미 대여섯 살 때부터 술독에 기어올라가 어른들 몰래 술을 훔쳐 마셨다는 것입니다. 평생 술을 즐기며 시를 썼을 뿐만 아니라 성균관대 뒷산에 올라 공초 오상순, 횡보 염상섭 등 문인들과 벌인 기행(?)은 유명합니다.

3위: 조지훈(시인 1920~1968)

청록파 시인 조지훈을 두고 '신출귀몰의 주선(酒仙)'이라 불렀던 이들이 있었답니다. 통행금지 시간은 안중에도 없고 야밤에 술친구네 집을 습격, 잠자는 친구를 깨워 대작하다가 새벽녘이나 되어야 귀가한 적이 많았다는 것입니다. 그는 밤새 눈 한 번 붙이지 않고도 결코 자세를 흐트러뜨리지 않는 취중 기개(氣槪)로도 유명합니다.

4위: 김삿갓(방랑시인 본명은 金炳淵 1807~1863)

삼천리 방방곡곡을 떠돌며 풍자와 해학으로 인생을 노래한 김삿갓 시인은 훗날 유행가로도 지어져 그 별난 삶이 전설이 되고 있습니다. 장원급제를 했을 만큼 문장이 뛰어났음에도 자신이 홍경래의 난 때 항복한 선천 방어사 김익손의 손자라는 사실을 뒤늦게 알고 관직을 포기, 동가식서가숙(東家食西家宿)하면서 술 한 잔을 얻어먹고 시 한 수를 지어주는 방랑생활로 생을 마감했으니 과연 주선답다고 할 수 있는 인물입니다.

5위: 김시습(생육신의 한 사람 1435~1493)

생육신의 한 사람이자 우리나라 최초의 한문소설을 쓰기도 한 매월당 김시습 또한 당대를 풍미한 주당으로 꼽히고 있습니다. 권세가들의 옳지 못한 비리를 조롱하면서 나중에는 중이 되어 산천을 떠돌아 다녔는데 그런 후에도 술에 만취, 백주대로를 활보하면서 고관대작들이 가마를 타고 지나가면 큰 소리로 꾸짖어 조롱하기를 주저하지 않았다고 합니다.

6위: 임재(조선조 문인 1549~1587)

황진이의 무덤 앞을 지나가다가 "푸른 풀잎 우거진 골에 그대여 자는가 누웠는가"하는 시를 지었다 하여 그의 호방한 기질을 알아주는 이가 많습니다. 평생 술과 벗하는 가운데 봉건 권위주의의 사회상에 저항하는 시를 썼던 것으로 전해지고 있습니다.

7위: 김동리(소설가 1913~1995)

술이라면 청탁 불문하고 양(量)을 우선시했던 주호(酒豪)로 알려져 있습니다. 음치이면서도 취기가 오르면 노래 부르기를 즐기고 식탁에서는 반주에 반쯤 취한 다음에 식사를 시작하였다고 합니다. 〈밀다원시대〉, 〈무녀도〉, 〈등신불〉 등의 작품을 남겨 문학사적인 업적으로 인정받는 소설가입니다.

8위: 임꺽정(조선 명종 때 의적 ?~1562)

부자와 세도가들의 재물을 약탈하여 빈민들에게 나누어준 의적(義賊)으로서 조선조의 실존인물이라고 합니다. 천한 백정 출신이던 그는 명종 10년(1555년)에 도적떼의 수괴가 되어 무려 12년 동안이나 경기도와 황해도 일원에서 탐관오리들의 간담을 서늘케 한 전설적인 인물이어서 여러 차례 소설로 씌어지기도 했습니다. 관군의 추격을 받으면서도 보란 듯이 눈치 안 살피고 아무 때나 술을 마셔댔던 배포로 유명합니다.

9위: 대원군(조선조 고종의 부친 1820~1898)

흥선대원군은 아들인 고종이 12세에 즉위한 이후 10년간 섭정 노릇으로 사실상 왕권을 손에 넣었던 인물입니다. 그가 주당으로 이름을 날리게 된 것은 그렇게 신분상승이 되기 전까지의 자의적 술꾼

행각 때문이 아닌가 생각됩니다. 두주불사였던 그는 술값이 떨어질 경우 난초 그림을 그려주었다고 하는데 그의 그림솜씨는 익히 정평이 나 있습니다. 정치인으로서의 공과를 떠나 그는 일단 풍류를 아는 절대권력자였다고 후세 사람들이 말합니다.

10위: 원효대사, 연산군, 마해송, 박종화

원효는 고대 인물 가운데 유일하게 주선의 반열에 올라 있습니다. 화엄종의 고승으로서 신라 무열왕 때 요석공주와 사랑을 나눠 대유학자 설총을 낳기까지 하였습니다.

연산군은 너무나도 유명한 역사 속의 폭군으로서 주지육림 속에서 술과 더불어 살았다 하고, 마해송과 박종화는 근대 문학의 이름을 빛낸 20세기의 문인들입니다. 일제와 한국전쟁을 겪으면서 술은 감수성 예민한 저들에게 유일한 정신적 위안처가 되었을 것으로 여겨지는 부분이 있습니다.

주도(酒道)

술을 마십니다. 술에 먹히지 않는다는 얘기입니다. 술을 사랑합니다. 술을 학대하지 않는다는 얘기입니다. 술을 사람의 아래에 둡니다. 술 자체가 지상목적일 수는 없다는 뜻입니다. 술을 선용(善用)합니다. 술을 핑계로 인생의 균형을 잃거나 하지 않는다는 얘기입니다. 이런 사람을 두고 우리는 진정한 술의 고수(高手)라 부릅니다.

누가 보지 않는 외진 도로에서도 자기가 정한 적정속도의 안전운전 룰을 몸에 익힌 사람이 운전의 고수라 불리는 것과 같은 맥락이겠습니다. 혹자는 말하겠지요. 가끔은 한껏 달릴 줄도 알아야 그게 자동차지…. 가끔은 한껏 취할 줄도 알아야 그게 인간이지…라고 말입니다.

그에 대한 대답은 이렇습니다. 한껏 달려도 본 나머지 마침내 자기성찰의 지점에 도달해 있는 사람, 한껏 마셔서 취해도 본 나머지 마침내 회한의 능선에 도달해서 자기 깨달음을 얻고 있는 사람.

자, 이 대목쯤에서 눈치를 채셨군요. 그렇습니다. 이 페이지의 다른 이름은 '초보 주당 길라잡이'랍니다.

- 술을 마실 때는 즐거운 분위기에서 친구나 동료와 함께 신나게 웃고 얘기하면서 마시는 것이 술의 용도에 맞습니다. 술의 본분은 사람의 흥을 돋우는 '분위기 서포터'라는 사실을 피차 인정하면서 말입니다. 이 얘기를 뒤집어 말하면, 절대로 술은 화를 풀려고 마시거나 외로움을 달래려고 청승맞게 마시지 말라는 뜻입니다. 홧술은 말 그대로 화가 됩니다. 알면서도 화를 자초할 필요는 없겠지요.

- 주량 과시 목적 등으로 술을 억지로 무리하게 마셔서는 안 되며 마찬가지로 남에게도 억지로 술을 강권하는 습관은 벗어버리기로 합니다. 내가 무리하게 술을 마시면 나의 객기가 도드라져 보여 결국 허풍스럽다는 인상을 남에게 주기 쉽고, 내가 남에게 술을 강권한다면 저들이 나를 무례한 사람으로 볼 것이기 때문입니다. 술을 인간관계의 이기(利器)로 사용하느냐 인간관계의 흉기(凶器)로 사용하느냐를 자기가 선택해야 한다는 얘기입니다.

• 술은 급히 마시지 않고 여유롭게 천천히 마십니다. 우리 인체는 '매우 물리적으로 생겨먹은 정밀한 화학공장이다'라는 글을 읽은 적이 있습니다. 그만큼 복잡하고도 예민한 생체본성을 갖고 있다는 뜻인데 어느 경우라 하더라도 술이라고 하는 자극성 물질을 우리 몸에 급하게 들어붓지 말라는 얘기입니다. 우리 몸이 제일 싫어하는 것이 이른바 '스트레이트 원샷'이라고 하는 음주폭력이라는 사실 잊지 마시기 바랍니다. 특히 소주, 양주와 같은 독한 술은 충분한 시간 간격을 두고 최소한 세 차례에 나누어 마셔야 한다고 어른들은 당부하십니다.

• 술자리는 반드시 1차에서 끝내는 것이 좋습니다. 온전한 인간관계를 위해서, 몸을 위해서, 시간관리를 위해서, 경제관리를 위해서, 자기의 덕성관리를 위해서 1차에서 자기 기분을 조절하도록 노력하고 또 그렇게 습관을 붙여야 합니다. 1차에서는 사람이 술을 마시고, 2차에서는 술이 사람을 마시고, 3차에서는 (의식 몽롱한 중에) 술이 저희들끼리 마신다 ― 라는 우스갯말이 있는데 하나도 틀린 말이 아닙니다.

1차에서 술자리를 마감하자 — 라고 말함으로써 그 당장에는 다소 섭섭한 생각을 상대방이 가질지 모르나 그러나 그렇게 하는 것이 그렇게 하지 않음으로써 후회와 낭패를 자초하는 것보다는 훨씬 현명한 결단이 될 것입니다.

• 만의 하나라도 안주 없이 마시는 서양 사람들의 술버릇을 흉내 내서는 안 됩니다. 알코올은 음식물이 아니어서 위장과 소장에서의 정해진 소화과정을 거치지 않은 채 간에서 분해된 다음 그 일부가 그냥 혈관에 흡수되어 뇌에 영향을 미치기 때문에 그만큼 예측이 가능한 위험물질이라 할 수 있겠습니다. 그 피해를 최소화하기 위해서는 술을 먹기 전, 또는 술과 함께 단백질 안주를 충분히 먹어야 한다는 것입니다. 단백질은 위벽에 막을 만들어 술의 공격으로부터 위를 보호해주는 일을 한다고 합니다. 또 위 속에 음식물이 들어 있으면 알코올의 흡수를 지체시켜 간장이 그만큼 여유를 갖고 움직이게 되는 것입니다. 친구들이 극구 말리는데도 굳이 안주 없이 술을 마시는 사람이 제 주위에도 몇 있었는데 그분들은 하나 같이 지금 이 세상 사람이 아니랍니다. 한 사람

은 마흔 전에, 두 사람은 쉰 안팎에, 그리고 또 다른 두 사람은 쉰 후반에 세상을 하직하고 말았습니다. 안주 없는 술을 그 자체로 독약과 다르지 않음을 알게 합니다.

• 진정 기분 좋은 술자리라면 도우미가 필요 없습니다. 도우미 있는 술집에는 가지 말자는 얘기입니다. 술집의 도우미는 당신의 기분과는 상관이 전혀 없이 순전히 자기 필요에 의해서 술집에 나온 사람입니다. 그 필요와 자기의 기분이 일치될 확률은 냉정하게 따져서 정확히 제로입니다. 그렇다고 하면 술 깨고 난 다음의 소회(所懷), 즉 자기한테 남게 될 기분이라는 것의 질(質)이 어떤 것일까 굳이 경험하지 않아도 뻔한 얘기입니다. 예부터 경지에 이른 술의 도(道)에는 도우미가 필요 없다고 합니다.

• 공적 관계이건 사적 관계이건 오해받을 수 있는 대상과 술 마시는 일은 삼갑니다. 사람을 못 믿어서가 아니라 술이라는 가변성 화학물질을 믿을 수 없기 때문입니다. 밥을 같이 먹는 것과 술을 같이 먹는 것과는 많은 차이가 있답니다. 밥을 같이 먹으러 가면

동행(同行)이 되지만 술을 같이 먹으러 간다는 건 동류(同類)가 됨을 뜻합니다. 얼마나 눈도 많고 얼마나 말도 많은 세상입니까. 이 항목의 얘기를 길게 하면 사회면 흥미기사가 되거나 3류 신파가 되므로 이쯤해서 줄입니다.

• 매일 계속해서 술을 마시지 않기로 합니다. 자칭 주당이라 할지라도 술 마시는 횟수를 일주일 2회가 넘지 않도록 조절하는 노력을 기울여야 합니다. 우리가 알코올을 섭취했을 때 그것을 분해해주는 간은 비교적 인내심이 강한 장기라고 합니다. 술을 웬만큼 먹어서는 쉽게 손상되지 않는다는 것이지요. 그러나 적당량 이상의 술을 연속적으로 마셔댈 때는 인내심이 강한 간이라 할지라도 대책이 있을 수 없습니다. 따라서 술에 의해 손상된 간세포가 복구될 시간을 주어야 하기 때문에 일주에 두 번 이상 술을 마시면 안 된다는 것입니다. 이 경우, 술에 강한 체질이냐 아니냐는 별로 상관이 없습니다. 간을 손상시키는 주량의 한계는 누구에게나 마찬가지이기 때문입니다. 오히려 술에 강하다고 자부하는 사람들이 간 질환에 걸릴 확률이 더 높습니다. 체력에 자신감

을 갖고 마음놓고 마시는 탓입니다. 전문가들이 말하는 1회 적정 음주량으로는 체력 왕성한 청년이라 할지라도 보통 소주 한 병을 넘지 말라는 것입니다.

• 술 먹을 때는 진통제, 수면제, 안정제, 당뇨병 약 등 다른 약물과 함께 먹지 말아야 하며 술을 먹고 난 이튿날 아침에도 숙취를 빨리 깬답시고 약국에서 '술 깨는 드링크제'나 '간 기능 회복제' 등 약물을 마구 사서 먹는 습관을 버려야 합니다. 그보다는 차라리 칡차나 칡즙, 인삼차 같은 전통차, 또는 꿀물을 타서 마시는 편이 훨씬 효과가 있습니다. 속풀이 해장국물로서는 북엇국, 무콩나물국, 잣죽, 토마토주스 등이 좋다고 합니다. 그러나 만의 하나라도 잘못된 속설에 따라 해장술을 마시는 우를 범하지 말아야 하겠습니다. 해장술이라고 하는 것은 일시적으로 통증을 마비시켜 숙취를 풀어주는 듯한 착각을 주지만 실제에 있어서는 간의 부담을 배가시키는 독주가 된다는 사실을 잊지 말아야겠습니다.

• 저녁 무렵 술 생각이 날 때는 가급적 저녁을 일찍 먹어버리기로 합니다. 술꾼들이 공복상태에서는 술 생각이 더 나게 되어 있기 때문입니다. 사실 술이라고 하는 것은 열량만 높을 뿐 우리 몸에 유익한 영양성분은 거의 없는 거나 마찬가지이므로 꼭 먹을 필요가 없을 때는 먹지 않는 것이 상책입니다. 출출하다가도 밥을 먹음으로써 공복감이 해소되고 나면 술 생각을 능히 이겨낼 수 있다는 애기입니다.

꼭 필요할 때 이외에는 술을 먹지 않는 그 절제와 자기조절 능력이야말로 진정한 고수의 경지에 오르는 자격기준이 아닐까 생각해 봅니다.

이상과 같은 여러 경우들보다 가장 바람직한 궁극의 권고가 하나 있습니다. 사랑하는 자녀들이 처음부터 아예 술을 배우지 않도록 가정에서부터 지도를 잘 해나가는 일입니다. 경건한 믿음의 생활습관이 그 방법이라면 금상첨화가 되겠다는 생각도 함께 해 봅니다.

술자리 예절

풍류라 일컬어 기분으로 마시는 술은 그러나 자칫 실수하기 쉬운 위험물질이므로 옛 어른들은 술을 마실 때일수록 예의를 잃지 말아야 한다고 가르치셨습니다. 술자리에서의 예의를 가리켜 주도(酒道), 또는 주례(酒禮)라고 하는데 〈소학(小學)〉에 보면 다음과 같은 내용이 적혀 있음을 알게 됩니다.

"술이 들어오면 자리에서 일어나 술잔이 놓인 곳으로 가서 절하고 술을 받아야 한다. 감히 제자리에 앉은 채로 어른의 술을 받을 수 없기 때문이다. 그러나 어른이 이를 만류하시면 비로소 제자리에 돌아와서 마실 수 있다. 이때도 어른이 술잔을 들어서 아직 다 마시지 않았으면 젊은이는 감히 마시지 못한다. 어른이 마시고 난 다음이라야 아랫사람이 비로소 마신다. 어른을 모시고 술을 마시는 자리에서는 특히 몸가짐이 조심스러운데 술잔은 반드시 어른께 먼저 올리고 어른이 술잔을 주시면 반드시 두 손으로 받는 것이 옳다. 아울러 어른 앞에서는 감히 술을 마시지 못하는 까닭에 돌아앉거나 상체를 옆으로 돌린 상태에서 마셔야 한다."

술잔을 어른께 올리거나 술을 따를 때 도포의 도련이 음식물에 닿을까봐 왼손으로 소매 자락을 쥐고 오른손으로 따르는 풍속이 생긴 것입니다. 이런 예법은 소매가 타이트한 양복을 입고 사는 오늘날까지도 왼손을 오른손 밑에 받치고 술을 따르는 관습으로 남아 있습니다.

그러나 이런 얘기들은 옛날 옛적의 구식 예절에 속하므로 그냥 참고만 하는 것으로도 좋을 것입니다. 대신 오늘날의 사회생활을 위해 꼭 지켜줬으면 하는 몇 가지 실제적인 술자리 예절에 대해 언급하기로 합니다. 안 그런 것보다 그렇게 하는 것이 좋다면 아무래도 좋은 쪽을 택하는 것이 사회적인 구성원으로서의 합당한 자세가 되겠지요.

• 술자리에 앉을 때는 좌상(座上)을 방의 아랫목 쪽에 앉도록 권하는 것이 예의입니다. 그러면 자연스럽게 좌상은 안쪽 벽을 등지고 앉게 되며 아랫사람은 방의 출입문을 등지고 좌상의 맞은편에 앉게 되는 것입니다. 자리를 정하여 앉을 때도 좌상이 먼저 자리

를 잡고 앉은 다음에 나머지 사람들이 앉아야 합니다. 유리창 전망이 있는 곳에서는 전망 좋은 곳이 상석으로 인식되는 경우도 있습니다.

• 무슨 술을 마실 것인가, 또는 무슨 안주를 시킬 것인가를 정함에 있어서도 그날의 호스트가 누구냐를 가릴 것 없이 무조건 좌상의 의견을 먼저 존중하여 여쭙는 것이 예의입니다. 만약 젊은 사람 쪽이 그날의 호스트라면 좌상된 사람은 호스트 쪽의 경제사정을 미리 대충 헤아려서 그 수준에 걸맞음직한 정도의 술과 안주를 시켜야 윗사람된 도리라 할 수 있습니다.

• 그날 얼마나 술을 마실 것인가를 가늠하는데 있어서도 윗사람의 주량 정도를 대충 기준해서 균형을 맞추는 것이 예의입니다. 윗사람의 주량은 아랑곳하지도 않고 그냥 젊은 혈기로 무작정 폭음 분위기로 횡설수설 몰고 가는 것은 바람직한 주도라 할 수 없을 것입니다.

- 건배를 하게 되면 잔과 잔을 마주칠 때 아랫사람은 윗사람의 술잔 높이보다 약간 아래쪽 높이를 선택하여 살짝 부딪는 것이 겸손한 건배예의에 맞습니다.

- 어른이 계신 술자리에서 화장실을 들락거리는 것은 보기에 좋지 않으므로 처음 들어올 때 미리 화장실을 들러서 용무를 보고 자리를 잡는 것이 좋습니다.

- 술잔을 상대에게 권하고 싶을 때는 물컵에 술잔 윗부분을 거꾸로 살짝 담갔다가 권하는 경우도 있고, 티슈를 뽑아 술잔 윗부분을 살짝 닦아서 권하는 경우도 있습니다. 그러나 가급적이면 술잔을 서로 돌리지 않는 것이 위생상 좋은 것이며 특히 외국인이 합석한 경우에는 술잔 돌리기를 하지 않도록 조심해야 합니다.

- 우리나라의 주법에는 첨잔을 하지 않는 것이 원칙으로 되어 있습니다. 즉, 상대방의 술잔에 술이 아직 남아 있는데도 거기에 술을 더 따라주어서는 안 된다는 뜻입니다. 그러나 또 반대로 상대의

술잔이 이미 빈 지 오래인데도 거기에 술을 채워주지 않는다면
상대에 대한 무관심으로 간주되어 역시 결례가 됩니다.

• 아랫사람일지라 하더라도 첫잔만큼은 두 손으로 따르고 두 손으
로 받는 것이 예의이며, 일단 받은 잔은 조금이라도 마시고 나서
내려놓는 것이 보기에 좋습니다.

술자리 에티켓

예절과 에티켓의 차이가 근본에서 다를 것은 없습니다만, 그러나 실제 사회생활을 하는 가운데 예절과는 좀 성격이 다른 상식적인 처신에서 무심히 간과하기 쉬운 가벼운 실수사례들을 따로 골라 항목을 챙겨 보기로 합니다. 특히 직장인들이나 비즈니스맨들은 술자리 기회가 비교적 잦기 때문에 그만큼 실수할 확률도 높을 수 있을 것입니다. 실제로 어떤 회사에서는 인턴사원을 뽑을 때 소주 집에 데리고 가 질탕하게 술을 먹여놓고 취한 상태에서 그 밑바닥 인성을 테스트하는 경우도 있다고 합니다. 대개 술자리 명목은 단합과 친목이기 쉽지만 그러나 그 술자리의 질(質) 여하에 따라 오히려 불신과 반목의 온상이 되고 마는 경우도 흔히 보게 됩니다.

• 마음 편한 술자리일수록 타인에 대한 험담을 하거나 타인의 약점을 옮기지 않는 것이 좋습니다. 술자리 헛소리는 반드시 부메랑이 되어 자신의 등에 꽂힌다는 사실을 사회경험이 많은 이들은

잘 알고 있습니다. 듣는 사람의 반응은 일단 맞장구 비슷한 분위기일 수 있습니다만 속으로는 남의 험담이나 옮기고 다니는 사람, 또는 중상모략 소질이 있는 사람이라는 낙인을 찍고 있을지 모를 일입니다.

• 술 마시는 속도를 상사의 속도에 맞추는 것이 여러 면에서 좋습니다. 자기주량이 좀 세다고 해서 그것을 과시하는 만용은 현명하지 못한 처신입니다. 그러나 만약 체질상 자기의 주량이 남들보다 현저히 적은 경우에는 억지로 술 잘 먹는 상사를 흉내 낼 필요 없습니다. 상사보다 먼저 취해서 행동거지가 거칠어지면 그것이 곤란하다는 뜻이니까요.

• 부하직원들과 함께 자리한 상사의 행동거지도 조심해야 함은 물론입니다. 직원들이 굽신굽신하는 모양을 보고 기고만장해서 취기를 빌려 함부로 막말을 한다든가 개인적인 사생활을 꼬치꼬치 캐묻거나 여럿 앞에서 핀잔을 준다든가 하는 행동은 나중 돌아서서 욕먹을 게 틀림없는 무책임한 짓입니다. 술자리일수록 상사의

너그러운 인품과 덕망이 더 빛날 수 있다면 피차 얼마나 좋겠습
니까.

• 술자리에서 가장 조심해야 할 꼴불견은 좌중의 화제를 혼자서 독
점하다시피 하는 소아병적 다변가 부류입니다. 그런 사람일수록
남의 얘기를 다소곳이 들어주지 못하는 다혈질이기 쉬운데 자기
의 언변실력을 믿고 혼자서만 내내 떠들어댑니다. 그런 사람은
남을 배려하거나 존중할 줄도 모르고 사회생활의 기본도 모르는
축이어서 어느 자리에서나 자기가 주인공이 되어야 한다고 믿기
때문에 자리를 잡고 앉아도 반드시 중앙 한복판을 차지해야지만
직성이 풀려하는 공통점을 갖고 있습니다.

• 술집에서 가장 손가락질을 당하는 사람이 있다면 모처럼 술이 좀
들어갔다 하여 기차 화통을 삶아먹은 듯이 큰 목소리로 떠들어대
는 사람일 것입니다. 술집도 엄연한 공공장소이므로 내 기분에
앞서 이웃을 먼저 생각해야 하는 것은 너무나도 당연한 일입니
다. 자기들끼리의 대화를 마치 싸우듯이, 그것도 특정지방의 사

투리를 써가면서 안하무인으로 떠들어댄다면 그것은 바로 자기 출신지역을 욕 먹이는 짓에 다름이 아닐 것입니다.

• 음식을 먹거나 술을 마시거나 업소 종업원에게 높임말을 사용하는 사람은 일단 교양 있는 고객으로 존경을 받습니다. 직업에 귀천이 없다는 것은 이미 상식에 속하는 얘기이거니와 서로가 서로를 존중하는 화기애애한 사회분위기를 만들기 위해서라도 종업원에게 반말로 하대를 하는 짓을 삼가야할 것입니다.

• 음식값, 술값을 누가 계산할 것인지를 계산하고자 하는 사람이 그 의사를 미리 밝혀두는 것이 좋습니다. 대개는 1차 자리에서 계산하지 않은 사람이 2차의 입가심 자리를 계산하는 것이 상식입니다만, 2차 갈 형편이 아닌 날이면 얻어먹은 사람이 다음에는 꼭 자기가 모시겠다는 인사치레를 하는 것이 상식으로 되어 있습니다. 누가 계산할 것인지를 정하지 않고 있다가 나중 나갈 때 계산대 앞에서 서로 계산하겠다고 실랑이 촌극을 빚는 광경은 별로 좋아 보이지 않기 때문입니다.

술의 종류

    술의 종류를 크게 나누면 탁주류, 청주류, 소주류, 양주류, 맥주류, 포도주류로 꼽을 수 있는데 이를 계통별로 크게 구분하면 양조주, 증류주, 재제주로 나뉩니다. 우리나라의 주세법상 주정과 알코올 성분이 1도 이상 들어간 음료는 주류로 분류됩니다.

양조주 술의 원료가 되는 과일이나 곡류를 발효시키는 수단을 가한 시점부터 이를 주요라고 부르는데 이 주요라고 하는 물질이나 또는 기타 발효액을 이용하여 만든 술을 양조주라고 말합니다. 일반적으로 맥주, 약주, 탁주, 청주, 과실주 등이 있습니다.

증류주 위의 양조주를 증류하여 만든 술로 대부분 알코올 도수가 높기 쉬우며 이를 다시 대형 통속에 넣어 숙성시키는 과정을 거칩니다. 증류식소주, 희석식소주, 고량주, 위스키, 브랜디 등이 있습니다.

재제주 양조주나 증류주에 식물의 꽃, 열매, 뿌리 등을 우려내어 필요한 색깔이나 향을 넣고 거기에 다당 및 알코올을 가하여 진하게 만든 술을 말합니다. 합성 청주, 합성 맥주, 인삼주, 기타 재제주 등입니다.

이제 이것들을 다시 각개로 설명하면 아래와 같이 풀이됩니다.

맥주 맥주는 엄선된 양조용수에 맥아즙을 끓이는 공정이 필수입니다. 맥아즙을 끓이는 동안 맥주의 쌉쌀한 맛이 나는 특유의 성분이 용출되기 때문입니다. 그것을 적당한 온도로 냉각시키면서 발효과정을 거치게 되는데 맥주 엑기스의 성분은 대략 8할이 탄수화물입니다.

보통의 맥주를 일러 라거비어라고 부릅니다. 라거(lager)란 독일어의 저장하다(lahern)에서 온 말로 공장에서 출하하기 한두 달 전부터 저온조건 아래서 저장 및 숙성시키기 때문입니다. 맥주는 성질이 예민해서 충격이나 기온변화로 인한 산화 등 맛이 변하는 수가 있기 때문에 유통과정에서의 취급여하가 중요합니다. 맥주는 알코올 도수가 나라마다 약간씩 달라서 보통 4도~8도인데 보관온도

또한 섭씨로 쳐서 그 정도일 때 맛이 가장 좋습니다.

소주 원래는 양조주를 증류하여 이슬처럼 받아내는 30도 이상의 독한 술을 말합니다만 요즘은 술 회사들이 대량생산을 위해 도수가 낮은 희석식 소주를 만들어냅니다. 소주는 한국사회에서 가장 대중적인 술로 사랑받는 주종인데 빨리 취하고 빨리 깬다는 점에서 한국인의 특성을 닮았다는 소리를 듣기도 합니다. 옛날에는 30도 소주, 25도 소주가 주류를 이루었으나 요즘엔 젊은 주당들의 취향에 맞춘 20도 안팎의 소주가 유행을 타고 있습니다.

청주 쌀로 만드는 맑은 양조주입니다. 우리나라에서는 이미 삼국시대에 청주를 빚어 마셨다는 기록이 있는데 잘못 알고 있는 사람들은 청주를 일본술이라 말하는 경우가 있습니다. 일본의 고대 역사책에도 보면 백제 사람이 일본에 건너와 청주 제조법을 가르쳐 주었다는 기록이 있다고 합니다. 찐쌀과 누룩곰팡이, 그리고 알코올 효모 등을 원료로 하여 여러 단계의 발효과정을 거쳐 만듭니다. 요즘에는 이 청주를 우리네 고유의 전통주로 보고 여러 가지로 맛을 특화시킨 다양한 브랜드들이 출시되고 있습니다.

　우리가 흔히 말하는 약주도 이 청주의 범주에 들어갑니다. 약주는 술이 다 된 탁주 독에 대나무로 짠 기다란 용수를 박고 맑게 걸러내면 그것이 약주입니다. 약주(藥酒)라는 표기가 반드시 한약재와 관련된 약용주라는 뜻이 아님은 이미 알고 계실 것입니다. 맑은 술을 떠서 어른께 먼저 드릴 때 막걸리, 또는 술이라 하지 않고 존칭 어법으로 약주라 일렀던 것이 그냥 그대로 술의 이름이 되었지 않나 추측됩니다. 또 조선시대 한때 가뭄이 심하여 곡식을 아끼기 위해 금주령이 내려졌던 적이 있는데 이때 양반 등 특권층 사람들이 이를 어기는 핑계로 약주라 둘러댔던 데서 그 이름이 유래했다는 설도 함께 전해지고 있습니다. 아무튼 약주는 막걸리보다 약간 알코올 도수가 높아서 대략 10~15도 정도 됩니다.

탁주 탁주류는 막걸리, 동동주 등을 뜻합니다. 종류에 따라 조금씩 변수는 있겠습니다만 대개 막걸리는 알코올 도수가 6~7도 정도 되는 순한 술입니다. 대표적인 전통주로서 단맛, 신맛, 쓴맛, 떫은맛이 조화를 이룬 가운데 적당한 감칠맛과 청량미가 있어서 땀 흘리고

난 후 갈증을 멎게 하는 힘이 있다 하여 예부터 조선 팔도의 농주 (農酒)로 널리 애용되어온 술입니다. 누룩으로 술을 빚어 거를 때 아래쪽에 가라앉은 탁한 부분의 술을 막걸리라고 보면 되고, 윗부분 의 맑은 술을 약주라고 보면 됩니다.

위스키 우리가 흔히 스카치위스키라고 부르는 서양술입니다. 스카 치위스키에는 제조법에 따라 몰트위스키, 그레인위스키, 브랜디위스 키의 세 종류가 있습니다. 위스키는 발효과정과 증류과정, 그리고 오크통을 이용한 저장 숙성과정을 통해 그 맛이 완성됩니다. 알코 올 도수가 보통 35도 이상인 경우가 많기 때문에 독한 술로 분류되 어 얼음물에 섞어 먹지 않을 경우 위장을 다치게 할 수도 있습니다.

위스키는 알코올 중독 측면에서도 위험도가 높은 술이라는 얘기 를 들은 적이 있는데 소주·맥주 애용자와 양주 애용자를 수평 비교 하더라도 양주 애용자 중에 알코올 중독자가 더 많다는 기사를 신문 에서 본 기억이 납니다. 그렇다면 우리보다 미국에 알코올 중독자가 많은 것도 같은 맥락에서 이해할 성질이 아닐까 싶기도 합니다.

와인 포도주는 알코올 도수가 백포도주나 적포도주 공히 11도 안팎입니다. 포도주는 성경에도 자주 언급되어 있는 역사 깊은 식탁용 술로써 입맛 돋우기 용으로 하루 한두 잔 정도를 반주로 마신다면 오히려 건강에도 도움이 된다는 것이 정설로 통하는 비교적 바람직한 술이라 할 수 있겠습니다.

꼬냑 프랑스 꼬냑(Cognac)지방에서 생산되는 포도주를 다시 증류하여 오크통 속에서 저장 숙성시킨 술입니다. 유명한 것이 나폴레옹 꼬냑인데 이는 저장기간이 10년 이상이라는 등급을 나타냅니다.

이 밖에도 나라에 따라 진, 럼, 데킬라, 배갈, 싸대기 등과 같은 술들이 다양하게 있습니다만 역시 술은 술 이상도 이하도 아닌, 취기(醉氣)를 도모하기 위한 음용물질에 불과한 것이므로 마시는 사람이 스스로 그 정도를 조절하는 수밖에 다른 방법이 없습니다.

예로부터 술꾼들 사회에서는 '술의 청탁(淸濁)을 가리지 않고 두주불사(斗酒不辭)하는 호주가(豪酒家)'를 두둔하여 칭송하는 고약한 전통이 있어 왔는데 사실은 그것이 자기들의 취작(醉酌) 행태를 미화하기 위한 허세가 아닌가 그렇게 짚어지는 게 사실입니다. 세상에서 제일 가는 으뜸 바보가 누구인가 하면 스스로 자기의 음주량을 과시하기 위해 술 마시는 사람이라고 하지요. 우리 주변에도 잘 보면 그런 사람이 실제로 있어서 소주를 보란 듯이 맥주잔에 따라 마셔버릇하는 그런 젊은이들이 간혹 있습니다.

속풀이 음식

합리의 현상을 비합리의 혼몽(昏懜)으로, 냉철한 이성을 유연한 감성으로 잠시 흐트려 놓아 자의적 여유감을 느끼기 위해 섭취하는 기호음료 미명의 약물 — 이라고 술을 정의한다면 너무 각박한 표현이 될까요?

인류와 더불어 수천 수만 년의 역사를 가진 이 불가사의한 '약물'이 지닌 두 얼굴, 즉 그것의 순기능과 역기능에 대한 종합 평가가 아직도 끝나지 않고 계속되고 있는 것은 우리 인간이 물리(物理)의 기계가 아니라는 이유 때문일 것입니다.

"하늘이 만약 술을 사랑하지 않았다면 주성(酒星)이 없었을 것이고, 땅이 만약 술을 사랑하지 않았다면 땅에는 응당 주천(酒泉)이 없었으리라. 이렇듯 천지(天地)가 이미 술을 사랑하였으니 술을 사랑하는 것은 허물이 아니로다. 이미 그 맑음을 성인(聖人)에 비함을 들었고, 다시 그 탁함을 현자(賢者)와 같음을 들었도다. 성현(聖賢)이 이미 술을 마시었으니 어찌 반드시 따로 신선(神仙)

됨을 바라겠는가. 삼배(三盃)에 큰 도를 통하고, 한 말(斗)에 자연과 합일(合一)하니 취한 후의 아취(雅趣)를 구하면 됐지 굳이 깨어있는 이들에게 이를 알리어 전(傳)할 필요가 무어 있겠느뇨.”

궤변도 경지에 이르면 아름다운 일면을 보입니다. 언어의 감각적 극력(極力)탓입니다. 이태백의 시를 읽노라면 술이야말로 야박한 인생살이를 신선의 길로 인도하는 도통지물(道通之物)인 듯싶어집니다.

몸과 정신에 해로우니 그런 물질은 평생 가까이 하지 않고 살겠다면, 그리고 그럴 수 있다면 그것이 최선이겠지요. 그러나 우리 인생이라는 게 반드시 전자계산기 액정화면에 디지털 아라비아숫자로 구현되는 구구셈 공식처럼 정답이나 정수(正數)만으로 그렇게 채워지지 않는다는 데 오히려 오묘한 삶의 재미가 있다 할 수 있겠습니다.

하나님께서는 광대한 대자연 속에 술을 빚어내는 물질도 숨겨 놓으시고, 아울러 술로 상한 속을 잘 풀어내게 하는 물질도 함께 예비해 놓으셨습니다. 선한 자의 땅에도 비를 내려주시고 악한 자의

땅에도 단비를 내려주시는 그 이치 앞에서 우리는 무애의 사랑을
깨닫습니다.

콩나물국 콩나물에는 아스파라긴이라는 물질성분이 들어있는데 이
는 간에서 알코올을 분해하는 효소의 생성을 돕습니다. 숙취에 탁
월한 효과가 있으며 특히 콩나물의 꼬랑지 부분이 이롭다고 합니다.
해산물이 풍부한 경상도 지방에서는 복어를 넣은 콩나물국을 최고
의 해장국으로 치는 것을 보았습니다.

북엇국 북어에는 다른 생선에 비해 지방 함량이 현저히 적어 맛이
개운한 데다가 간을 보호해주는 아미노산이 많아서 숙취 해소의 명
물로 꼽힙니다.

조갯국 조개국물에는 질소화합물 타우린, 베타인, 아미노산, 핵산류
와 호박산 등이 어우러져 있어 속풀이에 탁월한 효능을 보이는 것
으로 전해지고 있습니다.

선짓국 소의 생피를 삶은 선짓국에는 인체에 흡수되기 쉬운 철분이 많이 들어있고 단백질이 풍부합니다. 선짓국에 필수로 들어가는 콩나물과 무 또한 속풀이에 적합한 음식물로 꼽히고 있습니다.

굴죽 굴은 비타민과 미네랄의 집합체라고 해도 과언이 아닙니다. 예부터 빈혈, 간장병, 체력회복 식품으로 알려져 왔으며 과음 숙취로 흐트러진 영양 균형을 바로잡아 기력을 회복하는 데 좋은 음식입니다.

감나무잎차 감나무 잎을 따서 말려 두었다가 달여 마시면 타닌 성분이 위 점막을 수축시켜 위장을 보호해주고 숙취를 덜어줍니다.

녹차 녹차 잎에는 폴리페놀이라는 성분이 들어있어 이를 여러 잔 끓여서 진하게 마시면 숙취 해소에 큰 도움이 됩니다.

굵은 소금물 천일염을 짜지 않게 물에 타서 한 컵 정도 마시면 유산마그네슘이라는 성분이 담즙 분비를 촉진하기 때문에 변비를 줄

여주고 숙취로 인한 피해를 줄여주는 것으로 알려져 있습니다.

이 밖에도 산미나리즙, 무즙, 오이즙, 부추, 시금치즙, 연근즙, 칡즙, 솔잎, 인삼즙 등은 예로부터 우리 조상들이 숙취 해소 처방으로 애용해왔던 탁월한 자연식품들입니다. 요즘 약국 등에서 판매하는 이른바 숙취 해소용 드링크류는 심리적인 효과 말고는 위와 같은 자연식품들에 비해 효능 면에서 의심스러운 점이 많다고 합니다. 하나님이 만드신 자연식품보다 더 좋은 식품(약품)을 인간이 만들기는 절대로 쉬운 일이 아닐 터이지요.

기억 속의 술꾼들

이른바 중앙 유력지의 문화부 기자 H. 나이 마흔 중반. 퇴근해서 그곳에 가보면 스툴(*stool*) 한구석에 으레 얼음 담긴 위스키잔 하나를 앞에 두고 그가 혼자 앉아 있습니다. 그곳이란 한남동의 한 카페를 말합니다. 당시 한동안 우리 또래가 아지트처럼 애용하곤 하던 곳이었습니다. 주로 문화예술 분야에서 밥을 먹는 사람들이었습니다.

그가 혼자 앉아 있는 까닭은 아무도 그를 합석하자고 불러주지 않기 때문이었는데 그것은 그곳에 드나드는 단골들 대개가 그의 술버릇을 어느 정도 알고 있는 까닭이었습니다. 그의 술버릇이라는 것을 약간은 설명할 필요가 있습니다. 그는 어쩌면 전생에 '샤프병'에 걸린 협객이었을 거야 —라고 사람들이 수군거렸는데 정말로 그는 어느 정도 술에 취하면 머리가 더 샤프해지는지 좌중의 누군가 하나를 지목하여 대갈일성(大喝一聲)을 지르는 것으로 예의 그 샤프와 협기(俠氣)를 증명해 보이는 것입니다.

“야, 너도 영화감독이야? 네가 만든 그것도 영화냐구.”

“야, 너도 작가야? 네가 쓴 그것도 작품이냐구.”

그런 날이면 졸지에 봉변을 당한 영화감독, 또는 작가하고 한판 벌어지는 것이 순서입니다.

“야, 너도 기자야? 네가 쓴 그것도 기사냐구.”

술만 먹으면 금방 입 매서운 영화평론가가 되고 문학평론가가 되어버리는 그도 가끔은 뭔지 모를 책을 써내는 것으로 알려져 있는데 그 책 내용이 정말로 평론가답고 협객다운 경지에 이르렀다는 얘기를 어디서든 들어본 적이 없습니다. 그러니 그 협기는 주사(酒邪) 이상의 대접을 받지 못한다는 얘기가 되겠지요. 그가 그 술집에서 왕따를 당하는 이유인 것입니다.

웬만큼 눈치 있는 사람일 경우, 그럴 경우에 냉큼 단골을 딴곳으로 바꿈직도 하건만 그는 초지일관 한남카페가 아니면 술집이 아닌 줄로 아는 듯한 자세였습니다. 어떤 이는 그 까닭을 두고 나름의 해석을 하기도 했습니다.

“저 사람이 혼자서 스툴에 돌아앉아 있는 것처럼 보이지만 사실은 거울을 통해서 홀을 다 내려다보고 있거든⋯. 어느 테이블에 누구누구 팀이 와서 앉아 있는지 저들이 나누는 대화내용이 무엇인지 매일같이 문화계 동정기사 취재하고 있는 거라구!" 과연 그럴지도 모른다고 우리는 고개를 주억거렸습니다.

"그게 아니고, 이봐, 저 사람이 이런 술집에나 오니까 신문기자인 것도 알아주고 글줄이나 쓰는 먹물로 알아주지… 만약 딴곳에 가 봐. 코끼리 같은 생김 허군…. 누가 알아봐 주기나 한대?"

과연 그럴지도 모른다고 우리는 고개를 또 주억거렸습니다.

그나저나 H는 술을 마시지 않은 대낮에도 그렇게 호전적인 샤프맨이었을까요? 내 기억으로는 천만의 말씀입니다. 낮에 그를 만나면 정상적이고 상식적이고 합리적이어서 어찌 보면 온건하기까지도 해 보이는 평범한 문화부 기자였습니다. 그런 사람이 해가 진 후 위스키 몇 잔을 마시기만 하면 성품이 '샤프한 의협'의 헐크로 돌변하는 것입니다. 남을 잘 비판하고 소리 내어 욕을 하면 그것이 샤프한 것일까요? 아니지요. 이럴 경우, 우리는 술이 뭔데? 하고 새삼스럽게 고개를 갸웃하게 됩니다. 조심스럽긴 하지만 대답은 의외로 단순합니다. 술은 인성(人性)의 조직구조를 바꿔놓을 수 있습니다.

타고난 인성이 바뀐다는 것은 알코올이라고 하는 물질독소가 인성이라고 하는 성선(聖善)의 푸른 숲을 다 파괴해 버리고 메마르고 붉은 엉겅퀴의 황무지로 황폐화시키고 만다는 뜻입니다. 포용보다는 반목의 엉겅퀴, 이해보다는 비판의 돌멩이, 그리고 매사 자기중심적인 철없는 이기주의자가 되어간다는 뜻입니다. 그의 대학동기라는 사람을 우연히 어디선가 만난 일이 있는데 H는 대학 때까지만 해도 열렬한 문학지망생이었다는 것입니다.

뜻하던 문학가가 되지 못하고 그냥 '남의 글이나 쓰는 기자로 주저앉고 만' 자신의 처지에 대한 열등감이었을지 어떨지는 모르겠으나 아무튼 그는 술과 더불어 무한 샤프하고도 의협적인 한 시대를 술집에서 그렇게 살았습니다. 술 한 잔 기운이 많은 부분을 용서해 준다 하더라도 솔직히 우리들 중 누가 누구를 감히 꾸짖을 수 있을 것인가 하면서 그의 등 뒤에 손가락질을 하곤 했었는데 그러나 그를 향해 그래서는 안 될 일이 생기고 말았습니다. 간암이었다고 했나 간경화였다고 했나 아무튼 나이 마흔 후반의 나이로 그는 그 즐기던 위스키를 더 이상 이 세상에서는 마실 수 없게 되었기 때문입니다. 벌써 15~6년 전의 일입니다.

또 한 사람 술꾼을 나는 알고 있습니다. 이 사람 Y 역시 문화예술분야 종사자입니다. 자기 분야에서 상당히 인정도 받고 그럴싸한 상도 몇 갠가 탄 경력이 있습니다. 이 사람은 평소 나이 먹은 구세대의 작가들을 지탄하면서 자신의 청정한 젊음과 작가적 열정과 순수의 의지를 과시하곤 했습니다. 열심히 일한 결과 단란하다는 면에서 누가 보아도 썩 괜찮은 가정도 꾸몄고 다행히 체력도 단단한 편이어서 그 후배들로부터 부리움을 살 적이 많습니다. 성품도 원만한 데다가 술자리를 좋아하다 보니 당연히 찾아오는 친구도 많습니다. 물론 전업작가 신분이지요.

그저 이 사람 Y한테 한 가지 탈이라면 술을 지나치게 좋아한다는 것이었습니다. 해만 지면 으레 맥주 둬 병, 소주 한두 병쯤 필히 마셔야 잠을 자는 사람이었습니다. 그러고 나서 이튿날 새벽에 이른바 해장술로 막걸리 반 되 정도를 또 마시는 것으로 하루를 시작합니다. 뿐만 아니라 담배 또한 골초여서 하루에 보통 두세 갑입니다.

가까이 지내는 사람들한테 늘 그랬듯이 마시는 것은 좋은데 술의 양을 좀 줄이라고 귀가 닳도록 곁에서 거들었습니다만 쇠귀에 경 읽기였습니다. 어쩌면 타고난 체력과 젊음을 믿었는지도 모릅니다.

그런 세월이 계속되었습니다. 내가 그를 안 지만도 10년이 넘으
니까요. 술은 거짓말을 하지 않습니다. 마시면 취합니다. 술은 공짜
가 없습니다. 대가를 치러야 합니다. 정신으로 치러야 하고 마음으
로 치러야 하고 몸으로 치러야 합니다. 더구나 매일같이 그렇게 무
자비하게 마셔대기를 계속하는 모주꾼한테라면 더더욱 대가가 엄정
할 것입니다. 어느 날 통풍이 왔다며 발가락과 복숭아뼈를 틀어쥐고
죽는 소리를 내더니 그것은 예고편에 불과했고, 다음에 찾아온 것이
가혹했습니다. 위암이었습니다. 위를 잘라내는 도리밖에 없지요.

Y는 이제 더 이상 젊고 단단한 용자(勇者)일 수가 없이 되었습
니다. 술로 인한 폐해는 그러나 육신의 문제만이 아니라는데 더 큰
심각성이 있습니다. 앞서도 얘기했듯이 정신 자체가 황폐해지는 것
입니다.

조금씩 자기중심적이 되어가고, 조금씩 편협하게 되어가고, 조금
씩 자기합리화에 능하게 되어가고, 그러면서 무리(無理)와 교만이 자
포자기 심리와 함께 점차 몸에 배게 됩니다. 젊고 힘 좋았을 때 그토
록 지탄해 마지않던 구닥다리 기성작가의 한 모습이 있었다면 그로
부터 십수 년 지난 후의 Y의 모습이 바로 그러했던 것입니다.

그것은 적어도 한 예술가에게 있어서 위암보다 훨씬 더 무서운 형벌이었습니다. 그리고 그 모든 심신의 형벌은 두말할 나위 없이 온전히 술로부터 온 중독이었습니다.

어느 날 하루아침에 한꺼번에 온 것이 아니라 매일 같이 조금씩 조금씩 누적되고 누적되어온 결과인 것입니다. 그렇습니다. 술의 폐해는 한 번에 오지 않기 때문에 대부분 그것이 몰고 올 위기에 대해 심각하게 생각하려 들지 않기 쉽다는 함정이 숨겨져 있습니다.

또 한 사람 예술가를 알고 있습니다. 그는 무대예술가 K였습니다. 알코올 중독과는 거리가 한참 멀어 보이는 호남의 얼굴에다, 좋은 학벌에다, 이미지 관리마저 철저한 편이어서 그는 모범적이고 성공적인 예술가 그 자체였습니다. 올리는 작품마다 매스컴의 조명을 받았습니다. 왜냐면 화두를 제공하고 트렌드를 결정하는 주류(主流)의 한복판에 그가 있었기 때문입니다. 물론 유쾌한 술자리에 빠지는 법이 없었습니다. 아니, 어떤 술자리든지 그가 가담해 있다는 그 사실만으로써도 좌중의 유쾌지수가 배가 되는 그런 인물이었습니다.

예술가와 술을 같이 얘기하게 될 때 술은 이미 술이 아니라 낭만의 금빛날개 같은 것이어야 격식이 맞는 일입니다. 실제로 이 사람 K와 위스키의 관계가 그러했습니다. 같은 위스키잔이라도 이 사람 K의 손에 들려져 있을 때 그것은 술이 아니라 멋과 낭만의 한 표현이었습니다. 여한 없이 예술을 하였고, 여한 없이 세속적인 보람을 확인하였고, 그리고 여한 없이 위스키로 축배를 들었습니다.

그러던 K가 어느 날 쓰러져 병원에 실려 갔습니다. 그게 끝이었습니다. 급성 간경화라고 했던 기억입니다. 술의 얼굴이 바로 그런 것입니다. 낭만과 도취와 흥취와 자극과 일탈의 멋진 얼굴을 하고 술은 우리 앞에 나타납니다. 그러면서 그 멋진 얼굴과 이름으로 우리의 육신과 정신을 아주 조금씩, 아주 멋지게, 그리고 아주 철저하게 끝까지 파괴시켜 나가는 것입니다. 그게 술입니다.

20년 가까이나 되는 세월 동안 영화감독 조수(조감독)로 갖은 밑바닥 고생을 다 하다가 마침내 꿈에도 그리던 감독의 위치에 오른 청년을 알고 있습니다. 힘든 일도 묵묵히, 낯간지러운 잔심부름도 묵묵히, 찢어지는 생활고도 묵묵히 다 견뎌낸 고래심줄 같은 의지의 사나이였습니다. 영화연출 보조 일이 없을 때는 당장의 생계를 위해 단역배우 등으로 출연하는 일마저 서슴지 않았습니다.

어느 날 감독 데뷔작품을 만들어냈습니다. 흥행 면에서나 작품 면에서나 대체로 '절반의 성공'이라는 평판을 얻었습니다. 일부 매스컴에서는 '가능성 높은 유망 신인감독 등장'이라는 찬사를 내보내기도 해서 청년은 용기백배했습니다. 몇 년간 일을 못 맡아서 놀다가 드디어 두 번째 작품을 눈앞에 두게 되었습니다. 혼자서 몇 년간 열심히 준비해온 시나리오가 요행 제작자의 눈에 들었기 때문입니다.

그러나 그는 그 두 번째 작품을 크랭크인도 해보지 못하고 뇌졸중으로 쓰러져 마흔 중반의 나이에 세상의 모든 인연들과 하직해야 했습니다. 사망원인은 누적된 과로와 과음으로 인한 뇌 혈압 트러블이었습니다.

세상 인연의 끈을 가급적 이른 시일 내에 얼른 놓게 만드는 달콤 쌉쌀한 막강 유혹의 액체를 일러 우리는 술이라 부릅니다.

반드시 그의 얘기가 아니라 하더라도 술꾼들이 그 생애를 마감할 무렵이 되면 공통적으로 나타나는 증상이 있습니다. 그 좋던 인

간성이 어느 결에 자신도 모르는 사이에 배타적이 되고 자기파괴적
이 되고 그리고는 도통한 사람 모양 약간은 허무주의자가 되는 것
입니다.

술 때문에 일찍 세상을 떠난 이들이 주위에 많습니다. 제가 아
직 살아 있는 것은 저들 먼저 떠난 이들이 은연중에 나의 반면교사
가 되어주었기 때문이 아닐까 싶은 생각이 들기도 합니다.

그런 경우가 저 혼자만은 아니겠지요. 요행 알코올중독 직전에
예수를 믿게 되어 그 끝도 없이 깊은 수령을 피할 수 있었던 사람을
굳이 찾는다면 왜 비단 저뿐이겠습니까. 그래서 나중 하늘나라에서
먼저 가신 분들을 혹 다시 만나게 된다면 물어보고 싶은 말이 있습
니다. 무얼 믿고 그렇게 많이많이 줄기차게도 마셔댔느냐고. 그때
대답을 미리 예상해 봅니다.

'설마'를 과신했던 게 탈의 근원이었노라고.

세상에서 제일 무서운 것이 '설마'라고 하는 '무리(無理)한 확률
에 대한 기대심리'입니다. 누구한테나 일어날 수 있는 보편적인 탈
(禍)의 확률을 초월하여 자기한테만 그 일이 일어나지 않기를 바라
는 심리가 바로 '설마'인 것입니다. 앞서도 얘기했듯이 술에는 공짜

가 없습니다.

대가를 반드시 치러야 하는 것이 술입니다. 대가를 치르게 하기 위해 애초부터 술이라는 '시험물질'이 세상에 생겨난 것인지도 모른다는 생각을 가끔 해봅니다.

만능 스포츠맨 하나를 알고 있습니다. 6척 거구에 골프와 승마를 밥보다 더 좋아하며 스킨스쿠버니 스키니 하는 것들에 있어서도 결코 남에게 뒤지는 법이 없습니다. 가진 건 몸(體力) 하나 뿐 ― 이라면서 은근히 상대방을 기죽이는 데 이골이 난 팔자 좋은 사람입니다.

자기는 부자가 아니지만 아버지가 부자라며 부자의 의미를 자기 나름대로 늉쳐 갖고 다니는 사람입니다. 체구가 큰데도 운동으로 다져진 신체여서 그런지 어떤지 걸음걸이가 여간 사뿐거리지 않는 것입니다. 아침에 눈떠서 나가면 그곳이 고급 호텔 헬스클럽이었습니다. 먹고 하는 일이 몸 만드는 일이니 생각해 보세요. 얼마나 건강체였겠나요.

그 사람이 어느 날 쓰러졌습니다. 쓰러진 지 지금 5년가량 됩니다. 좋다는 병원에는 다 돌아다녔지만, 아직도 제대로 거동을 못

합니다. 병원 사람들은 그가 아직 생명 붙어 있는 것만도 기적이라고 말할 정도입니다. 그 사람의 유명짜한 호 격이 무엇이었느냐 하면 두주불사(斗酒不辭)였습니다. 무슨 뜻에서의 설명인지 아실 것입니다.

술집 소파에 몸을 묻었다 하면 앉은자리에서 혼자서 위스키 큰 병 한 병을 뚝딱 해치우고도 멀쩡하던 사람이었습니다.

술 앞에는 장사가 없습니다. 자칭 장사들이 술 때문에 폐인이 되는 경우를 저는 너무 많이 봐 왔습니다. 역설적으로 술이 좋긴 좋은 건가 봅니다. 그렇기에 그토록 혹독한 대가를 반드시 치르고 말게 되는 이치이겠지요. 뒤늦게 철들어 남들의 사정 안타까워하면서 이런 글이라도 쓸 수 있으니 그나마 중도에서 우리 예수님 만나 마음잡길 참 잘한 것이지요. 구원의 주인이신 우리 주님의 은혜를 찬미합니다.

한국인과 술

　우리나라는 세계적으로 주류 소비량이 가장 높은 나라 중의 하나로 꼽히고 있습니다. 국토는 좁고 인구는 많아 그만큼 생존경쟁이 치열할 뿐만 아니라 남북 대치로 인한 전쟁의 위기와 잦은 정변으로 그만큼 스트레스 받을 일이 많은 사회분위기 때문이라고 합니다.

　실제로 우리나라 국민들은 2003년도 한 해에 어린이 포함 1인당 10리터 정도의 술을 마셨다는 통계도 나와 있습니다. 거기서 아기들 먼저 빼고, 평소 술을 가까이 하지 않는 종교인 빼고, 임산부나 병환자 등을 빼고 난다면 그 양이 그야말로 엄청나게 됩니다.

　다시 말해서 이를 술 마시는 연령의 사람들에 적용하면 성인 1인당 소주 소비량이 일주일에 최소한 두 병 이상이라는 뜻으로 풀이됩니다. 평균수치가 그러하니 실로 놀라운 양이 아닐 수 없습니다.

　특히 우리나라 주당들은 자기몸 자기가 알아서 챙기는 그런 술문화의 주인공이 아니라 과장스런 허장성세의 분위기에 건전한 상식이 항상 압도당하는 그런 왜곡된 음주풍토에 무방비로 노출되어 있기 때문에 더더욱 과음으로 인한 사회적 비용을 많이 치를 수밖에 없이 되어있는 것이 현실입니다. 고래로부터 음주 자체가 풍류의 한가닥에 닿아 지나친 관용풍조의 보호를 받아온 데다가 한국전쟁 이후로는 집단적 군중심리를 축으로 한 퇴폐 자조적인 군사문화 영향까지 더해져서 음주는 곧 끝장을 봐야 직성이 풀리는 폭음을 뜻하는 것이 되고 말았습니다. 그리하여 한국사회는 곧 술 권하는 사회를 뛰어넘어 술잔을 돌려 술 강요하는 사회로 굳어지기에 이르렀습니다. 한국에 처음 온 외국인들이 가장 당혹스러워하는 것이 바로 이 대목이라는 얘기를 여러 곳에서 듣습니다.

- 한국인들은 두 명만 모여도 술을 마셔야 한다. 그러다가 취하면 고성으로 싸우고, 이튿날에는 그 사람들이 다시 만나 함께 웃으며 일을 한다.
- 한국인들은 취중 실수에 대해 지나치게 관대하다.
- 한국인들은 술을 만판으로 마실 줄 알아야지만 성공적인 처세를 하는 것으로 알고 있다.

- 한국인들은 술잔을 권하지 않으면 결례로 생각하고 권한 잔을 받지 않으면 더더욱 결례로 생각한다.
- 한국인들은 술을 마신 후 큰소리로 떠들어야지만 호연지기를 아는 사람으로 인정해 주는 경향이 있다.
- 한국인들은 술을 시도 때도 없이 마실 뿐더러 밤늦게까지 마신 사람이 새벽에 일찍 일어나서는 해장술까지 마신다.
- 한국인들은 청년기에 접어든 젊은이들에게 술을 마셔야지만 성인이 되는 것이라는 압력을 가하기도 한다.

부인할 수 없는 부끄러운 자화상입니다. 그러다 보니 술로 인한 질환과 음주관련 범죄도 나날이 높아가고 있는 형편입니다.

통계청의 사망원인 집계결과를 보면 우리나라 40대의 사망원인 중 간(肝)질환이 전체 2위를 차지할 정도입니다. 실제로 알코올성 간질환의 비중이 1986~1990년도에서 6.5%를 보이다가 1996~2000년도에는 15.3%로 현격히 높아졌습니다. 뿐만이 아니라 정신질환으로 분류가 가능한 알코올 중독자가 수백만 명에 이른다고 합니다. 음주운전 사고, 음주폭행, 음주성폭력, 음주 가정폭력 등 음주

범죄에 이르러서는 더 말할 나위가 없습니다.

이 가운데서도 특히 음주운전 사고는 전체 교통사고 중 13%가 넘는다는 경찰청의 통계도 보고되고 있습니다. 모 기업경제연구소가 직장인들을 대상으로 한 음주실태 조사결과를 보면 우리나라 근로자들은 열 명 중 세 명이 일주일에 술을 3회 이상 마시는 것으로 나와 있고, 열 명 중 다섯은 일주일에 최소한 1회 이상 술을 마시는 것으로 나와 있습니다. 그러는 가운데 열 번 중 세 번은 과음을 지나 폭음을 하고 있다고 하니 술로 인한 폐해가 어느 정도인지 알만합니다.

실제로 미국 내 직장인들의 과음비율이 8.4%인 데 비해 우리나라 직장인들의 그것은 무려 31.4%라고 하는 음주문화 연구센터의 조사도 나와 있습니다.

마시는 방법도 문제입니다. 상대에게 술잔을 돌리는 경우가 74%, 단시간에 많이 마시는 경우가 64%, 폭탄주나 원샷 등 무리한 음주강요가 57%나 되어서 결과적으로 폭음 만취상태에 빠지는 경우가 77%에 이르는 것입니다.

비단 직장인의 경우뿐만이 아니라 사람들이 모이는 모든 장소에는 술이 없는 경우가 별로 없습니다. 생일잔치, 돌잔치, 결혼피로연, 회갑연 등은 말할 것도 없고 각종 행사장이나 기념식장에 술이 빠질 경우 야박하다는 평판을 두고두고 들어야 합니다.

또한 한국의 음주자들 가운데 55%는 술을 마셨다 하면 반드시 2차까지 가야 직성이 풀려하는 좋지 않은 습성을 갖고 있는 것으로 나타나 있습니다. 고주망태가 되어 3차까지 가는 비율도 13%라고 합니다.

한국음주문화센터에 의하면 술을 즐기는 주당들의 경우, 일주일에 2~3회 술을 먹으면 적정 음주자(49.5%), 일주일에 1회 술을 먹으면 소량 음주자(22.6%), 그리고 일주일에 4회 이상 술을 먹으면 과다 음주자(27.9%)로 분류하고 있습니다. 물론 이것은 교회에 다니지 않는 주당들의 경우에 쓰는 기준입니다.

또 2차 3차까지 가는 술꾼들을 조사한 바 그 이유를 두고 '헤어지기가 아쉬워서'가 42%, '분위기를 바꿔보려고'가 14%, 그리고 '상대방의 강요로'가 16%입니다. 이것 또한 반성할 대목입니다.

그러다 보니 사회적인 직간접 손실도 만만치 않아서 술이 취한 상태에서의 운전경험자가 25%, 술로 인해 지각 결근한 경험자가

36%, 술병이 나서 약을 먹거나 진료를 받은 경험자가 37%, 술 마신 후 필름이 끊기듯 기억을 못한 경험자가 자그마치 49%입니다.

한국인의 음주행태는 술에 관한 잘못된 인습과 정신적인 공황에 뿌리를 두고 있다는 글을 읽은 적이 있습니다. 여기서 정신적인 공황이란 자기의 건전한 삶에 대한 무소신을 가리키는 것일 터입니다.

건강을 위해, 가정 화목을 위해, 인격과 품위의 자존심을 위해 어떻게 처신해야 한다는 것을 이론상으로는 대충 알면서도 그에 대한 확고한 자기신념이 없기 때문에 실제의 일상에서는 절제를 포기하게 되는 것입니다. 우리가 우리끼리만 술 끊었다고 자랑할 일이 아니라 교회 바깥의 주당들을 끌어안고 복음을 전도해야 할 절실한 이유가 바로 그것입니다.

주당(酒黨) 졸업

술의 해악에 대해서는 밤새도록 입술이 닳도록 얘기를 해도 모자랄 것입니다. 우리의 인체는 알코올의 공격을 당한 후에 반드시 그 흔적을 남기도록 되어 있습니다. 위장에, 간에, 뇌에, 심장에, 혈관에 반드시 흔적, 즉 상처를 남기는 것입니다. 실수 후 반성을 하고 일정기간 같은 우를 반복하지 않는다면 인체는 상당부분 회복됩니다.

조물주께서 우리의 인체를 그렇게 회복하도록 축복 주셨기 때문입니다. 그러나 술의 공격이 반복해서 거듭된다면 회복 대신 깊은 상처가 도져 사태를 악화시킬 뿐입니다. 그런 가운데서도 특히 걱정해야 할 것은 뇌세포가 알코올 성분의 공격을 받아 손상을 입는 것입니다.

이름하여 Alcoholic Dementia!

노인성 치매를 두려워하는 사람들도 술로 인한 알코올성 치매에 대해서는 별로 무감각해하는 경우가 많습니다. 알코올성 치매는 30

대와 40대에도 올 수 있다는 점에서 심각한 문제가 되는 것입니다.

위나 간을 다치면 최소한 남에게 피해는 주지 않는 것이지만 젊은 나이의 알코올 치매는 그 인생이 망가짐은 물론이거니와 가족과 이웃에게 엄청난 고통과 피해를 주게 됩니다.

가장 좋은 방법이 있습니다. 작심하고 술의 유혹과 습성으로부터 자유인이 되어보는 것입니다. 즉, 주당 졸업입니다.

그 길만이 최선의 길입니다.

주당 졸업을 돕는 알코올 중독자 한국연합회(AA Korea)라고 알려진 공익기구가 있어서 내용을 들여다보다가 마침 좋은 말로 주당(酒黨), 즉 알코올 중독증상 여부를 판별하는 재미있는 12설문이 있는 걸 발견했습니다.

1. 당신은 무슨 문제가 있을 때마다 술을 마시는가? 또는 긴장을 풀고 싶을 때마다 술을 마시는가?

2. 당신은 당신 친구나 가족 또는 남들로부터 열 받은 일이 있을 때마다 술을 마시는가?

3. 당신은 남들과 같이 마시기보다는 혼자 술 마시기를 즐기

는가?

4. 당신의 상태는 술로 인해 깜박 실수하기 시작할 정도인가?

5. 당신은 술을 끊거나 줄이려고 결심했다가 실패한 일이 있는가?

6. 당신은 술 마신 후 다시 해장술을 마신 적이 있는가?

7. 당신은 술을 게걸스럽게(무척 반갑게) 마시는 편인가?

8. 당신은 술 때문에 기억이 단절된 경험을 했는가?

9. 당신은 당신의 음주사실을 속이려든 적이 있는가?

10. 당신은 술에 취해 말썽부린 적이 있는가?

11. 당신은 취하지 않으려고 작정해 보지만 술을 마시기만 하면 만취상태가 되어버리곤 하는가?

12. 당신은 이 질문들이 당신의 술에 대한 욕구에 반할 정도로 냉정하다고 생각하는가?

만약 이상의 질문들 중에서 하나라도 당신에게 해당된다면 당신은 이미 중독의 문제가 발생하기 시작했다고 보아야 옳다 — 는 것이 설문의 요지입니다. 논리가 다소 건조하게 여겨지는 미국식 설문이어서 부분적으로 손질하였음을 밝힙니다. 가장 늦은 때가 가장 빠른 때다 — 라는 말이 있습니다. 주당 졸업을 위해 만들어진 말인 듯싶습니다.

나의 삶, 나의 글

평생을 홀로 쪼그리고 앉아 글만 써서 밥을 먹는 나 같은 사람이 그러니까 인구비례로 따지자면 몇 %나 될까요. 그게 수치로 흔치 않으리라는 사실을 생각하면, 오직 그 이유 하나 때문에라도 이 글쓰는 직업은 썩 선택받은 직종이라고 할 수도 있긴 있겠다 싶긴 합니다.

그러나 짐작하겠지만, 그 직업의 길이라는 게 마냥 순탄치만은 않았다는 점을 먼저 고백해야겠습니다.

카피라이터를 생업 삼기 전, 1970년대 초까지 나는 20대 초반의 나이로 충무로에서 무명의 영화 시나리오 작가를 몇 년 했는데 그것이 글쓰기 직업의 시작이었습니다. 지금도 그러는 경우가 많다만, 당시 시나리오 작가들은 으레 여관방에 장기투숙하면서 영화감독 등 스태프들과 함께 뒹굴며 작품을 구상하고 집필하는 게 상례였습니다.

툭 하면 날밤을 새기 일쑤인지라 자연히 생활은 불규칙할 수밖에 없었는데 그것이 적지 않은 고역이었습니다. 그러나 무엇보다도 견디기 어려웠던 것은 작가라는 직업과 관련한 자기정체성의 문제였습니다.

모처럼 작가의식을 발휘하여 마음먹고 작품을 써서 내놓으면 흥행성이 없다 하여 제작자나 감독이 외면을 했습니다. 애써 쓴 작품을 휴지통에 버려야 했지요. 그러다가 결국 생활고에 쫓겨 자포자기한 심정으로 이른바 흥행물이라는 형편없는 저급의 신파극을 써갈겨 내놓으면 제작자와 감독이 기뻐 반색을 하고 극장 앞은 인산인해로 뒤덮였습니다. 당시의 우리 영화계 수준이 그러했습니다.

자괴감의 심적 갈등을 견딜 수 없어 결국 나는 충무로를 떠났는데 적어도 그것은 돈과는 직접적 상관이 없는 주관적인 결단이었습니다. 이후 다시는 영화계에서 생업을 일굴 생각을 해보지 않았습니다. 물론 어줍지 않은 시나리오 작가도 그것으로 폐업이었습니다.

무언가 새로운 활로를 찾지 않으면 안 되었습니다.

일본에 갈 기회가 있었습니다. 여행 도중 우연히 덴츠(電通)라는 광고대행사 오사카 지사를 견학하다가 광고가 산업화된 선진국의 광고제작 현장에는 카피라이터라는 직종이 반드시 있어야 한다는 사실을 처음 알게 되었습니다. 순간 머리 속에 전깃불이 반짝, 하고 켜졌습니다. 카피라이터란 광고 아이디어를 전략적으로 기획하고 그에 따른 광고문구를 써내는 직업입니다. 광고대행사는 물론 광고의 직능별 전문화가 전혀 이루어져 있지 않던 당시 우리의 형편이었으나 그러나 머지않아 우리나라에도 일본처럼 광고의 전문화 와 광고의 산업화시대가 도래하리라는 강한 암시를 받았는데 결과론이지만 그 예감은 적중했습니다.

서울에 돌아오자마자 나는 광고라고 하는 생소한 분야의 공부에 도전장을 냈습니다. 새벽부터 도서관 순례를 하면서 광고(*Adver-tisement*), 또는 마케팅 크리에이티브(*Marketing Creative*)와 관련한 국내외의 서적들을 사정없이 모으기 시작했습니다. 밤낮없이 코피를 쏟으며 공부를 했습니다.

그러기를 1년여, 마침내 나는 공채로 입사한 제약회사를 잠시 거쳐 화장품회사의 광고부에 정착하게 되었습니다. 광고대행사 체제가 도입되기 이전이었으므로 당시에는 각 기업들이 조직 내에 대규모 광고부서를 두고 일체의 제작업무와 매체 집행업무를 감당하던 때였습니다.

나는 광고제작 현장을 뛰면서 본격적인 카피라이터의 길을 개척하기 시작했습니다. 그것도 직업이냐고 웃는 이들이 주위에 있었습니다. 1976년도에 서울 카피라이터즈클럽(SCC)이 창립됨을 기화로 나는 카피라이터라는 신종 직업을 우리 사회에 널리 알리는 일에 발 벗고 나섰습니다. 내 힘으로 미개척 황무지를 개간한다는 사명감이 자못 뜨거웠던 때입니다. 신종직업 카피라이터의 딱지를 달고 부쩍 매스컴을 타면서 SCC회장을 두 번씩이나 역임한 것도 이 무렵의 일입니다.

1981년, 10년 가까운 직장생활을 마감하고 프리랜서로 독립, 충무로에 '카피파워'라고 하는 카피라이터 개인 사무실을 냈습니다. 그것이 또 세간의 잔잔한 화제가 되었던 기억입니다. 불과 몇 년 상관인데 이때의 카피라이터는 이미 신종 직업단계를 넘어 뭇 대학생들이 선호하는 인기직업이 되어 있었습니다. 유명 대기업의 수많은 광고 캠페인들을 성공시키면서 비로소 나는 한 직업분야의 '전문인' 대접을 받았습니다. 나름의 직업적 정체성을 확인할 수 있게 된 것입니다.

그러니까 지금까지 나는 무려 30년 이상을 카피라이팅이라는 광고전선(廣告戰線)에서 피를 말리는 두뇌전쟁을 치르며 힘겹게 살아온 셈입니다.

수많은 이 분야의 젊은 후학들이 이제는 당당히 제 명함에 카피라이터라는 직분을 박아넣고 다니는 것을 볼 때 그것이 내게는 내심 여간한 보람이 아닌 것입니다. 광고를 '자본주의의 꽃'이라고 말하곤 하는데 그런 의미에서라면 카피라이터야말로 '자본주의의 꽃의 꽃술'이라는 자긍이 내게 있습니다. 이제 우리에게 주어진 일이 있다면 그 긴 세월 동안 참으로 어렵사리 정착시킨 그 꽃술을 좀더 인간적으로 향기롭게 가꾸어내겠다는 노력의 자세가 아닐까 싶습니다. 광고는 상품의 대량소비를 유도하고, 대량소비는 대량생산의 기반구조가 됩니다. 광고 없는 국부(國富)를 그래서 우리는 상상할 수 없는 것입니다.

1970년대 중반부터 카피라이터와 병행해온 또 하나의 글쓰기 직분이 내게 있었습니다. 여러 곳의 신문과 잡지에 '칼럼니스트'라는 괄호 표기로 자유산문을 쓰기 시작한 것입니다. 내 경우, 자유산문 쓰기는 세상과 나를 잇는 건전한(!) 사회성 확인의 부호로 기능한다고 스스로 평가합니다.

매체에 실리는 글들은 일단 그 주제가 건전이라고 하는 보편가치를 추구하는 것이지 않으면 안 된다는 전제가 따르기 때문인데 원래 천성이 자유분방한 나는 그런 방식으로나마 스스로 자신의 의식을 통제할 필요가 있었는지 모르겠습니다. 따라서 각종 매체에 실려지는 내 글들은 바깥사회에 무언가 내 주장을 말한다기보다는 내가 내 자신에게 주는 일종의 다짐과 같은 것이라 해도 별로 틀린 말은 아닐 것입니다. 사람은 자기가 뱉은 말이나 글에 의해 스스로 90% 이상의 영향을 받는다는 연구도 있으니까 말이지요.

마음 좋은 출판사들이 있어서 여러 매체에 산발적으로 실린 글들이 나중 몇 권인가의 책으로 묶여져 나오기도 했습니다.

그러다가 1990년 봄, 마흔 중후반의 나이에 생애의 획기적인 전환점을 맞습니다. 평소 친히 지내던 가수 윤형주 씨의 전도로 난생 처음 교회(온누리교회)라는 델 나가서 아, 예수님을 만나게 된 것입니다. 생각이 달라지니 삶이 달라졌습니다. 당연히 글도 달라지기 시작했습니다. 고린도전서 13장의 놀라운 충격으로부터 이후

한순간도 자유로워질 수 없는 자신을 발견하고 깜짝깜짝 놀란 적이 한두 번이 아닙니다.

외부환경이나 현실의 어떤 목적을 줄기차게 추구했던 집필자세가 나의 내면을 성찰하는 허심(虛心)으로 바뀌기 시작한 것입니다. 커다란 의식구조의 변화였습니다. 아무 때고 눈을 감고 기도를 하노라면 나름대로 치열하게 살아온 반생이 너무나도 덧없는 것이긴 합니다. 그러나 마음 비워 눈을 감고 기도하면 우선 내 글에 대한 의심이나 두려움이 사라집니다.

현학적인 수식병(修飾病)도 어렵잖게 극복됩니다. 독자 위에 군림하려는 그 못된 권위의식도 감쪽같이 사라집니다. 그리고 무엇보다도 자신의 실체를 실제 이상으로 미화하려는 자기기만이나 위선이 사라집니다.

덕분에 항용 외로웠던 못난 글쓰기 작업의 부담도 그래서 지금은 허심의 자유함 속에서 새털처럼 가벼워져 있습니다. 나의 주인은 이미 내가 아니라고 믿기 때문입니다. 한 잎 한 잎 잿불 속에서 푸나무가 사위어가듯이 그렇게 하루하루 곱게 늙어 간다는 것이, 늙어 있다는 것이, 감사할 때가 많은 이즈음입니다.

어떤 사랑
— 황막했던 저 1950년대의 회억에 붙여

권법에 도가 있다고? 맞다. 도에는 내공의 수가 있어서 그 수의 정도에 따라 살과 뼈가 울기도 하고 웃기도 한다. 그러나 드물게는 예외도 있다. 도고 나발이고가 없이 그저 타고난 솜씨대로 약간의 사지 동작을 본능적으로 움찔움찔하면 그것이 하나 예외 없이 급소에 명중되는 연속적 바람타법이 되고 마는 믿기지 않는 주먹…. 지금은 그가 이 세상에 없어 옛날 얘기가 되었지만, 여섯 살 손위인 이복형 종혁이가 그랬다.

위의 표현에서 '믿기지 않는'이란 말은 가격당한 상대편의 느낌을 쉽게 요약한 것이다. 분명 어딘가를 얻어맞긴 했는데 그것이 어떤 경로로 어떻게 왔다 갔다 했다는 것인지 그냥 정신만 띵할 뿐 스스로 쉽게 믿어지지 않아 한다는 뜻이다.

유식한 말로는 전광석화. 빠름의 속도와 바람소리 얘기, 또는 그 아담하게 균형잡인 보통의 체격에서 나오는 주먹과 그 반물리적인 파괴력에 관한 얘기인 것이다.

하얀 피부에 얼굴마저 예쁘장한 청년 종혁이를 만만히 보고 걸핏 맞서려고 하거나 궂은 대화를 나누게 된 자들은 그가 잠시 고개를 숙여 땅을 내려다보면서 싱긋 웃을 때 조심해야 한다. 그의 싱긋 웃음은 이미 바람소리의 시작이다.

실제로 그의 발길과 주먹에서는 바람소리가 났다.

상대가 둘이나 셋일 경우, 길어야 5초.

동작이 끝날 즈음이면 웃음은 멈춰져 있다.

웃음을 보아줄 상대들이 모조리 턱뼈가 뒤틀려 잠시 얼이 빠져 있거나 땅바닥에 큰대자 혼절상태로 누워있기 때문일까.

육이오 전쟁 때 우리 가족이 피란을 갔던 곳은 남녘의 소읍이었다.

지금은 단풍 3경 ○○산을 갈 때 반드시 경유해서 가는 곳이기도 해서 도시 사람들한테 준관광지쯤으로 인식되는 그런 소도시지만 이미 반세기도 전인 그 당시에는 논, 밭, 개천 그리고 폐허의 난장에 가까운 장터와 두어 개의 초중등학교 말고는 궁핍과 퇴락과 황량함밖에 없던 곳이었다.

전쟁 말기가 돼서 민심은 흉흉했고 젊은이들은 아무데서나 까닭 없이 횡포했으며 그 중에서도 갈고리손을 휘저으며 막무가내 행패를 일삼던 상이군인들의 자포자기적인 기세가 무서웠다.

종혁이가 이 얘기의 주인공이 결코 아님에도 종혁이를 먼저 등장시킨 것은 그를 추종하던 또 하나의 건달청년 현가(이 글의 주인공)를 보다 사실적인 입체도식으로 끌어오기 위함이다.

피란민으로 외지에서 굴러들어온 종혁이가 시골 읍내의 토종 왈패들을 휘어잡는 데는 그다지 오랜 기간이 필요치 않았다. 읍내에 딱 하나 극장이 있어서 낮과 밤 하루 두 번, 낡아서 내내 비가 오는 영화필름을 돌리곤 했는데 어느 무더운 여름날 해질 무렵, 바로 그 극장 앞 광장에서의 5 : 1 결투가 말 그대로 역사적이었다. 읍내 신작로가 생긴 이래로 그처럼 많은 쌈 구경꾼이 모인 적도 없었으리라.

우락부락한 극장 기도주임(극장 문지기 책임자)이 포함된 토종 건달 5명이 아담한 체격의 건방진 말뼈다구를 에워싸고 목하 신나는 린치 한마당을 연출하려는 분위기로 라이브 활극은 시작되는 듯했다.

"존만한 놈이 서울서 왔으면 다여?"

"얼래, 저 씨벌놈이 웃어?"

정말로 종혁이는 자기를 둘러싼 건달들을 둘러보며 씨익 웃었을 것이다.

당연히 그게 시작 신호였다. 남들의 눈엔 어김없는 중과부적의 1 : 5였다.

소읍 본정통 거리에서의 종혁이 신화는 그렇게 비롯되었다.

활극은 생각보다 시끄럽거나 요란하지 않았다. 그래서 더 눈이 부셨을까.

휙휙 하는 바람소리와 연이어 겹쳐지는 둔탁한 파열음 뿐.

상황은 매정했다. 아구창마다에서 피가 튀긴 대신 소요시간은 짧았다.

당하는 사람도 구경하는 사람도 쉬이 믿기지 않는 짧은 시간 안에 판이 끝나고만 것이다.

그날 극장 앞에서 나가떨어진 건달들 중 대빵 격이 바로 소문난 망나니 건달패 주먹 현가였다.

시골이라 입소문이 빨랐다. 목격자까지 많았으므로 입소문은 더욱 권위를 지녔다. 종혁이가 지나가면 교복 입은 학생 녀석들까지도 저들끼리 수군대는 꼴을 자주 보아야 했다. 읍내의 양아치 건달들이 하루아침에 종혁이의 추종자가 되었다. 그 가운데서도 현가의 충성심은 상상을 초월했다.

음식점에서 음식이나 술을 먹으면 결코 식대를 받으려 하지 않는 일도 있었는데 알고 본즉 본정통의 주요 식당마다 미리미리 손을 써둔 현가의 공갈압력 때문이었다. 나이는 종혁이보다 하나가 위였으나 처신은 종혁이의 몸종이었다.

평소 불쌍한 노점상들을 등쳐 노름을 일삼으며 하루도 빼놓지 않고 취중 행패를 직업삼아 오던 천하의 개망나니 현가가 임자를 제대로 만난 셈이었다.

짬만 나면 찾아와 주변에서 얼씬거렸고, 어느 날 새벽엔 종혁의 방문 댓돌 앞에 나타나 반짝반짝 종혁의 구두에 광을 내면서 그가 잠 깨기를 기다릴 정도였다. 말려도 듣지 않았고 욕이나 핀잔을 먹여보아도 막무가내였다. 현가는 스스로 제2인자의 입지를 그렇게 정한 셈이었다.

소읍의 변두리 송용골이라고 하는 산 밑 동네가 있었다. 동네의 외딴집에 최가 성 가진 날씬한 처녀가 혼자 살고 있었는데 처녀는 그 궁핍하던 시절에도 어디서 구했는지 얼굴에 늘 화장을 진하게 하고 다녀 그 미모를 모르는 이가 없었다. 예쁜 처녀가 왜 혼자 살까 사람들은 궁금했다.

그러던 어느 날부턴지 외딴집의 예쁜 처녀가 망나니 현가와 가까이 지낸다는 소문이 퍼지기 시작했다. 실제로 어느 달 밝은 밤, 그 둘이 천변 제방 뚝길을 손잡고 걸어가는 걸 보았다는 녀석이 있었고, 안개 낀 새벽녘에 처녀의 외딴집에서 현가가 나오는 것을 보았다는 사람도 있었다.

그런데 그 소문이 사실임을 입증할 만한 사건이 생겼다. 어인 일로 한동안 뜸하던 현가가 어느 날 초저녁 무렵 간고등어 한 상자를 싸들고 종혁이를 찾아온 것이다.

"얌마, 이게 무슨 짓이냐? 어디서 뚱쳤어?" 종혁이가 다그쳤다.

"성님헌티 말씀드릴 게 있는디… 사실은 지가 인자 맘잡고 한 번 살아볼라고요. 지가 장터 안에 생선전을 차렸구만요."

"……?"

옳고 그르고를 떠나서 누가 들어도 기가 막혀 벌어진 입을 다물지 못할 노릇이었다. 천하의 개망나니 현가가 마음을 잡다니… 게다가 마음잡고 생선가게를 차리다니… 양아치가 발 씻고 마음잡겠다면…?

"기집 생겼지? 누구냐?"

"그게… 참 성님도 알랑가 모르겠네요. 송용골 외딴집 미선이라고… 최미선이라고요….."

현가의 생선가게란 시장골목 생선전 거리 한쪽에다 사과궤짝 여남은 개를 줄맞춰 늘어놓고 그 위에 생선상자를 늘어놓은 좌판 노점 형국이었다.

그 장사가 잘 되었는지 어떠했는지는 지금 기억에 없다. 게다가 그때부터 종혁이가 현가를 가깝게 상종하는 일도 거의 없어졌다. 내 추측엔 생선장수 현가를 종혁이가 창피해 하면서 거리를 두게 되었지 않았나 막연히 짐작될 뿐이다.

어쩌다 시장골목을 지나다가 먼발치로 현가를 보게 되는 경우는 더러 있었다. 진짜 생선장수인 양 고무장화까지 신고 깡통에 물을 담아 좌판에 쫙쫙 끼얹고 있는 현가를 볼 수 있었기 때문이다.

소문에 의하면 현가가 아예 송용골로 들어가 처녀의 외딴집에 둥지를 틀었다는 얘기도 돌고 있었다.

어찌 되었거나 읍내 사람들은 반신반의하면서도 동네 말썽쟁이 하나가 스스로 마음을 잡고 고분고분해진 데 대해 무척이나 다행으로 여기는 분위기였다. 그렇게 해서 사람들은 현가 청년에 대해 점차로 무관심해져 갔다.

불과 수개월 만에 건달패 현가는 보통의 생선장수로 정착을 한 듯했다.

미모의 외딴집 처녀한테 장가를 들기 위해 장가 밑천을 열심히 모으고 있는 중이라는 둥 해가면서 오히려 사람들은 현가의 변신을 은근히 대견해 했으니 말이다.

실제로 사람이 영판 달라진 현가는 제아무리 화나는 일이 생겨도 화내는 법이 없고, 주먹질하는 일은 더더욱 없어졌고, 심지어 술 마시는 일도 없이 완전 새사람이 되었다는 평판까지 얻게 되었다.

그런데 세상일이란 모를 것이었다. 현가의 행적과 관련한 소강 상태가 그리 오래 가지는 않았으니 말이다. 언제부터인지 읍내에 이상한 소문이 수군수군 퍼지고 있었는데 송용골 외딴집 예쁜 처녀가 문둥이일지도 모른다는 소문이 그것이었다. 물론 어렸지만 나도 놀랐던 사람 중의 하나였다.

그렇게 예쁜 처녀가 문둥이라니 말도 안 된다고 여겼다. 그 예쁜 처녀가 양아치 생선장수와 연애를 하니까 누군가가 시기를 해서 모함하는 헛소문일 가능성이 훨씬 높았다. 그런데 날이 갈수록 소문은 점차로 구체적이 되어갔다. 문둥병을 앓고 있기 때문에 외딴집에 홀로 살고 있다는 둥, 눈썹이 하나도 없기 때문에 늘 진한 화장에 눈썹을 검게 그리고 다닌다는 둥, 한 달이면 두세 번씩 웬 늙은이가 식량과 화장품 따위를 갖다 주기 위해 그 외딴집을 들락거린다는 둥 하는 매우 구체적인 소문들이었다.

결국 이런 소문들이 현가 청년을 다시 횡포한 망나니로 되돌려 놓기에 이르렀다.

밤이나 낮이나 술을 억수 퍼마시고 만만하다 싶은 집에 쳐들어

가서는 아무나 멱살을 붙잡고 누가 문둥이 소문을 퍼뜨렸는지 대라면서 고래고래 악을 쓰면서 마구 기물을 부숴대는 것이었다. 동네 남정네치고 현가한테 봉변을 당해보지 않은 이가 거의 없을 정도였다. 문둥이 소문과 현가의 발작이 시작된 이후로 외딴집 처녀가 거리에 나다니는 것을 본 사람이 없었다. 그러나 송용골 사람들은 술에 만취한 현가가 비틀거리며 외딴집에 들어가는 것을 목격했다고 했다. 생선장사는 절로 거덜이 났다.

그러던 어느 날 늦은 밤, 현가가 종혁이를 찾아왔다. 그것도 한 손에 깨진 술병을 꼬나쥐고 술에 취해서였다. 더욱 놀라운 것은 그의 어투였다.

"서울놈 너지? 일루 나와 종혁이 새끼야."

종혁의 방에서는 기척이 없었다. 나는 왠지 불길한 예감이 들어 방안의 불을 끄고 문틈으로 마당을 내다보았다. 깨진 병을 휘두르며 현가는 이제 막 종혁의 방문을 열어제칠 기세였다. 순간 방문이 벌컥 열리는 소리와 찌걱 하는 파열음이 동시에 들렸다. 현가의 몸뚱이가 마당 가운데의 어둠으로 날아갔다.

226

무언가가 박살나는 소리도 함께 들렸다. 종혁은 언제나 그랬듯이 조용하고 침착하게 현가의 멱살을 잡아 일으켜서는 제 방으로 끌고 들어갔다.

거기까지 보고 나는 곧 잠이 들었는데 새벽녘에 오줌이 마려워 일어났다가 종혁의 방에 불이 켜져 있는 것을 보았다.

종혁의 두런거리는 낮은 목소리가 들리는 것 같았고 그리고 현가의 하염없이 흐느껴 우는 소리가 들리는 것 같았다. 그게 내가 기억하는 현가의 마지막이었다. 그 일이 있은 이후, 현가는 읍내에서 종적을 감췄다.

외딴집 처녀도 함께였는지 모르지만 아무튼 처녀도 더 이상은 보이지 않게 되었다.

세월이 많이 흐른 후, 전쟁도 다 끝나 서울로 다시 돌아왔는데 불미스런 무슨 폭행사건으로 종혁이가 징역살이를 하고 나온 직후 잠시 나와 함께 기거하게 된 기간이 있었다.

명절음식 남은 것을 안주 삼아 단둘이 소주잔을 기울이는 자리가 있었는데 문득 옛날 생각이 나서 형에게 현가 소식을 물었다. 늘 그런 식이기는 했지만 종혁의 대답은 담담했다.

“그 새끼, 기집 밝히더니 결국 기집 때문에 신세 조졌다. 모처럼 예쁜 년 걸려 좋았다 싶었는데 알고 보니 그년이 문둥이였단다. 너도 알지? 문둥병 고치려면 소록도에 가야 한다는 것 말야. 현가 이 새끼가 미선이 그년을 되게 사랑했었나봐. 애인 병 고쳐주자니 소록도에 보내야겠고, 죽으면 죽었지 그런 식으로 생이별하기는 싫고….”

“그날 밤… 밤새도록 두런거리던 날 밤에 고백하던가요?”

“뭐? 그럼 너도 알고 있었니? 그래 맞아. 그날 밤이었지. 이 간나새끼 한사코 찔찔 짜면서 죽으면 죽었지 그년하고 못 헤어지겠다는 거야. 이 새끼 상판도 보기 싫어서 그럼 네놈도 함께 소록도 들어가면 만사 오케이잖아 하고 쏘아붙였지. 병신새끼, 결국 문둥이년 데리고 소록도에 들어갔을 거야. 지금도 아마 거기 있겠지? 지금도 거기서 서로 사랑하고 있을까?”

끝내 나는 궁금증을 참지 못하고 다시 물어야 했다.

“여자야 그렇다고 치지만, 남자는 건강한테… 소록도에서 눈썹 멀쩡한 사람도 받아주었을까요?”

못 말릴 내 궁금증이라니.

"야, 잘 들어. 그날 밤새도록 그럼 내가 그 새끼 붙들고 무슨 염불이라도 했던 걸로 아니? 족집게로 그 새끼 현가놈의 눈썹이란 눈썹은 모조리 다 뽑아줬지. 깨끗이 뽑아줬단 말야. 문둥이가 별거냐? 쌍통에 눈썹 터럭 없으면 그게 그거지. 안 그러냐?"

옛날 얘기지만… 그 후로 아무튼 나는… 사랑이라는 단어를 함부로 사용하지… 못하는 사람이 되었다.

금기된 사랑에의 도전!
한의 미학 — 박경리 〈토지〉

한국 소설의 처음과 끝이라 불리는
박경리의 〈토지〉가 새롭게 발간되었습니다.

토지를 읽으면 여자가 보이고 토지를 잡으면 世上이 잡힌다

- 누구나 읽기 쉽도록 활자가 커졌습니다.
- 종전 16권 분량을 21권으로 나누어 부담없이 읽을 수 있습니다.
- 백 속에 들어갈 4×6판 변형사이즈로 어디서나 꺼내 읽도록 했습니다.
- 하드커버에 현대적 디자인으로 품위를 더했습니다.
- 각 권 9,500원, 낱권으로 사실 수 있습니다.
- 등장인물 600여 명의 '토지인물사전'(이상진 저, 150p)을 증정합니다.

박경리 장편소설
- 김약국의 딸들 **55만부** 돌파,
- 파시 **20만부** 돌파,
- 가을에 온 여인
- 시장과 전장,
- 표류도 절찬 판매중

**박경리 대하소설
나남 Innovation판**

NANAM
나남출판
Tel : 031) 955-4600 (代)
www.nanam.net